この平坦な道を僕はまっすぐ歩けない

岩井勇気

新潮社

はじめに

小説新潮という場所でエッセイの連載を続けていたら、こうして3冊目の書籍を出すこととなった。6年近く連載していたはずなのだが、昔より文章を書くことが好きになった訳でもなく、前に比べて素敵な表現ができるようにもなっていない。

ほとんど遊びながら過ごしているような日常なのだが、そこで気になったことを、できるだけ文章はこねくり回さずに書いている。

先日、6年前に僕に連載を依頼してきた出版社の担当編集の女の人と書籍の打ち合わせをすることになった。連載中は打ち合わせすることもないので半年以上会わなかったのだが、久々に会ったら髪が金髪になっていた。

元々は黒髪で、もの静かな、カーディガンにロングスカートで細身の、司書の仮装のような女の人だったので、金髪にするような趣味を持っているとは思わなかった。

この時、僕の中に『面白い』という気持ちと『面倒くさい』という気持ちが生まれたのだ。

『面白い』のほうは、単純に変化への興味。どういう気持ちの移り変わりなんだ？　元々そういう趣味の人だったのか？　そんな、知ることへの欲だ。

一方、『面倒くさい』というのは、この担当編集の女の人の強い変化によって、僕の中のこの人の認識を再構築しなくてはいけないことへの煩わしさだ。

なんだこの金髪は⁉　こんなタイプの人だったの⁉　思ってた感じの人と違うじゃん！　え？　じゃー今までこの人に抱いてたイメージも全部間違ってたってこと⁉　数年かけて理解したと思ってたんだからやめてくれよ！　急にこんなことする人なら今後も接する中で急ハンドル切ってくる可能性があるよな⁉　接し方変わるじゃん！

と、なんとも独りよがりな怒りだ。

人はどこか他人を自分の中の型にはめて安心するところがある。僕は担当編集の人のことを〝司書の仮装のような人〟という型にはめて安心していた。実際はこの担当編集の人のことなど何も知らないのに、僕の中に作った型からはみ出したことにより、裏切られたり反抗されたような気持ちになっていたのだ。

もちろん『面倒くさい』という気持ちのほうが圧倒的に少ない。そうでなくては、相手に対して「思ってた人物像と違う！　裏切られた！」などと勘違いも甚だしい言葉を発しているだろう。そんな人間にだけはなりたくない。

自分や周りのどんな変化に対しても、僅かながらこんな気持ちになることはある。僕はこの『面倒くさい』をどうにか面白がりたい。『面白い』ほうに目を向けることはできる。しかし、僅かなもやもやした『面倒くさい』部分を言葉にして面白がることをエッセイではやっていこうと思う。

この本を読まれる方へ。読んだ後で僕への印象に少し変化があったとしても、読んだことでそれを楽しめるようになっているといいですね。

この平坦な道を僕はまっすぐ歩けない　目次

挿画　岩井勇気
撮影協力　あらかわ遊園
写真　青木登（新潮社写真部）

この平坦な道を
僕はまっすぐ
歩けない

ほどよい店で考える

食べ損ねた昼食を取ろうと、仕事の休み時間に繁華街を歩いていた。疲れによって歩幅が狭くなっているのか、なかなか景色が変わらない。連日の長時間に及ぶ仕事、帰ってからの自宅作業。今自分が空腹なのかそうでないのかわからないほどに疲弊していた。

運の悪いことに昼の3時を過ぎていて、飲食店も休憩に入っている店が多い。そんな中、チョークで書かれた立て看板が視界に入ってきた。そこには「ランチ16時まで」の文字。目を上げると落ち着いた雰囲気の洋食店。

食べたいものがある訳でもなく、とりあえず何かをお腹に入れることだけが目的の僕は、もうその店しか目に入らず、ドアを開けた。

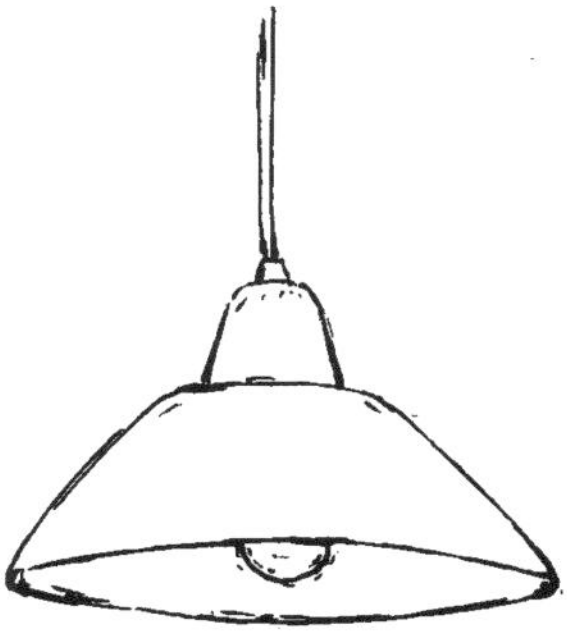

適当に入ったその店の内装は、昔からやっているひなびた店という感じでもないのだが、最近できた綺麗な店という雰囲気でもなく、10年やっているかやっていないか、といった佇まい。

客入りも、空《す》いている訳ではないが、かと言って全席埋まっている訳でもなく、まさに今の僕の疲れた状態にぴったりの、ほどよい店だった。

もしこの店が、昔から何十年もやってきた洋食店であったなら、僕は「何十年も店を守って、色んなお客さんに愛されて、頑張って続けてきたんだろうなぁ」と、しみじみ思うだろう。それが疲れる。

良さそうな店であればあるほど、皆に好かれているような優しいマスターなど居ればなおさら、「初めて来た自分が、店やマスターを困らせるような客であってはいけない」という意識が生まれる。それが疲れるのである。

優しいマスターは反面、関わる人を疲れさせる性質も持つ。

店のほどよさを噛み締めていると、店員が来て席に案内された。座り、メニューを開く。ハンバーグ、ポークソテー、グラタン、ドリアといった洋食が書かれている。奇を衒《てら》った料理などひとつもない。全て名前だけ見て想像しうる範疇に収まっている。

「何だこの料理？　一体どんな料理なんだろう？」と思わされては疲れてしまう。ほどよいメニューだ。

美味しそうなメニューであり、美味し過ぎるということはなさそうなメニューでもある。不味く作ることもできなければ、食べたことのないくらいの美味しさは出せないであろう料理の名前が書かれている。

僕は店員を呼び、その中のポークソテーとミニドリアのランチセットを注文した。料理が来るのを待つ間、ぼんやり店内を眺めていると、壁に絵が飾ってあるのが見えた。

ふと目に入ったその絵は、誰が描いたかはわからないのだが、知りたいと思えるほど魅力的ではない森の絵であった。

これが名画の複製画などであれば「この店を作った人は、この画家が好きなんだ」と思って疲れてしまうだろう。

さらには「あれ？　店の名前も、この画家の作品にちなんで付けたんじゃないか？」などと発見をしてしまえば最悪である。そこから派生して「探せば、この画家の要素が店のどこかにまだあるんじゃないか？」という自分の中だけの無意味なイベントが始まってしまう。

この絵は視界に入りさえするが、絵自体のことなどなんら気にならない、ほどよさがある。誰が描いたかはわからないけれど、誰が描いたか知ろうとは思わない、絶妙な森の絵なのだ。

そして店内には、しっとりとした知らない洋楽が流れている。洋楽を流してセンスを見せつけようという尖った意識の感じられない、まさにBGMにふさわしい、ほどよい曲だ。

席についてすぐに出されたこの水も、冷た過ぎず、余計なレモンやライムの味などがついておらず普通で、飲んだ時に何の気付きもない、ほどよい水。

店員の接客も、悪くもないし客に干渉しすぎる訳でもない。コップの水を3分の2くらいまで飲んだ程度ですぐ気付いて注ぎに来られるようでは、その後から水を飲みづらくなってしまう。食後、「どうですか？　お口に合いましたか？」などと聞いてくるような雰囲気の店員であれば、食事の最中に聞かれた時の感想を考えて食べなければならない。

とにかく今は疲れたくない。この店のほどよさが体に丁度いいのだ。

しばらくすると、ポークソテーとミニドリアのセットがテーブルに運ばれてきた。思った通りの見た目。分厚過ぎないポークソテーと、海老、イカ、アサリといった定番の具のドリア。

その両方をひと口ずつ食べてみた。素晴らしい。想像を超えない美味しさ。点数でいうと78点である。この疲れた体と精神状態にほどよい78点。いや、これはもはや満点の78点と言ってもいいだろう。

そのまま全て食べたが、お腹の具合もほどよい。決して満腹ではない。満腹にはならないのだが、足りなくもないのだ。

食べ終わった後、少し休み、レジで会計を済ませた。９５０円。ほどよい値段だ。何もかもがほどよい。ほどよさを評価する機関があれば、三つ星を与えるのではないだろうか。

しかしよく考えれば、このほどよいという評価は、客にとっては良くても、店側にとっては不名誉な称号なのかもしれない。最初からほどよい雰囲気と味を求めて店を始めるのは、どこか志の低い気がする。

「君の仕事の出来は、本当にほどよいね」という評価は多分、完全には誉められていないだろう。ほどよいとは難しいものだ。

空腹が収まった僕は、そのまま店を出た。何もかもがほどよい、良い店であった。

ダラダラと職場に戻り始める。そして、僕は歩きながらあることに気付いた。

あの店、どこをとってもほどよいことばかりで、店にいる間、そのことばかりを考えてしまい、ずっと感心させられていた。そのせいで、店に入る前より少しだけ疲れてしまっていたのだ。

まったく、塩梅というのは難しい。ほどよさも、ほどよくあってほしいものである。

「許す」をテーマに生活してみたら

僕は人の行いに対して厳しい目で見てしまっているのかもしれない。他人の間違いが気になることの多い上に、こちらが被害を受けていると判断すれば、その場で相手に指摘することも辞さない。

しかし一般的な〝世渡りの上手い人〟の人物像といえば真逆で、人の間違いを指摘せず適度にスルーして、自分にとってどうでもいい人のために割く時間をいかに少なくするか、という生き方をしている印象だ。

僕も意識をすれば〝世渡りの上手い人〟になれるのか。そんな興味から、あるテーマを持って生活してみることにした。それは〝許す〟ということだ。

大らかな心を持って人に厳しくならない。他人と自分は同じ存在ではないので、自

分の基準で「おかしい」「どうして」と思わない。

これができるようになれば、もう少し器用に生きられると思い、実践することにした。


先日、友人2人と居酒屋に行った。テーブル席に通され、メニューを見て飲み物を決めた。そこで店員を呼ぼうと思ったのだが、目についた店員は、他の客の注文を取ったり、料理を運んだりしていて、なかなか声をかける隙がない。

ホールにいるのは見た目が20代半ばの若い男の人で、その店員が1人でこぢんまりとした店の客席を切り回しているのだが、立ち働く中で何度か僕と目が合っても、こちらに注文を取りにくる気配がない。

席に通してからしばらくの間、飲み物の注文すらしていない客がいても、この店員は気にならないのか？　そんな疑問が一瞬頭を過《よ》ぎったが、大らかな心を持って、人に厳しくならず、許そうと決めたのだ。

自分の基準で考えてはいけない。まだこちら側がちゃんと呼び止めていないいじゃないか。それに店員自ら聞きに来ることで、客にプレッシャーを与えてしまうと考えている可能性だってある。

僕は気持ちを鎮め、隙を見計らって店員に声をかけた。そこでやっと店員が捕まり注文をすることができたので、この後また店員に声をかけるのも煩わしいと思い、料理も一緒に注文してしまうことにした。

各々飲み物と料理を店員に伝える。ビール、レモンサワー、刺身、もつ煮込み、板わさ……注文の途中で僕はこの店員に少し気になるところがあった。こちらがした注文に対しての返事や復唱がまるでない。「ビール2つと、レモンサワー、あと刺身の盛り合わせと……」とこちらが言っているのをテーブルの横に立ち、無言で持っている端末に入力している。本当に注文が通っているのか不安になる接客である。

普段ならこの時点で「注文取れてますかね？　大丈夫ですか？」とそのまま聞いてしまうところなのだが、ここは大らかに、許そう。

そもそも注文時に商品名を復唱しなければいけないと誰が決めた？　他の店が復唱しているので、それが当たり前になってしまっていただけではないのか？　この店員は注文を確認しなくても完璧に通す自信があるのだ。常識が自分にあると思うな、そう自分に言い聞かせながら注文を終えた。

しばらく経ち、飲み物が運ばれてきたので、飲んで話しながら料理を待っていた。

僕らの座っている席は壁側がソファー席、通路側が椅子の席といったよくある4人掛けのテーブル席で、壁側に友達が1人、通路側にもう1人の友達と僕が座っていた。そして丁度僕と隣の友達との話が盛り上がっていた時のことである。料理を運んできた店員が、無言で僕とその友達の間に皿を通してテーブルに置いたのだ。僕らはいきなり顔の前を皿が横切ったのに驚いて、頭を後ろに引いた。

席は確実にテーブルの横側から皿を置ける作りになっている。通路を通る店員はこのほうが楽なのかもしれないが、話の最中に断わりもなく皿が顔の前を通るのは気分の良いものではない。しかし、ここは大らかに、許そう。

僕がホール担当だったらお客さんの間に皿を通すようなことは絶対にしない。それくらいの気は回る。だが彼は僕じゃない。気の回らない、できないホール担当もいる。客をビクつかせても何とも思わない人だっているんだ。そう自分を落ち着かせた。

その後、飲みながら料理を食べていると、店員が卓にヌッと来て、食べ終わって空いた皿を無言で下げていく。しまいには3分の1程度残っているレモンサワーまで下げようとしたので「あ、まだ飲みますよ」と言って止めた。普段なら目に余る行動である。しかしここは大らかに、許そう。

皿を下げるときに一言声をかける程度のこともできない店員だっている。彼の気持ちはわからないけれど、理解できないことが間違いだとは限らない。

次にその店員が空いた皿を下げようとした時のこと。皿を取り上げた拍子に、皿に残った肉のタレがこぼれ、テーブルに置いてあった僕の携帯電話にかかった。その時僕は、話に夢中で気付いていなかったのだ。

だが、向かいに座っていた友達が「え、タレめっちゃかかったよ」と教えてくれ、見るとかなりの量が携帯電話にかかっていた。そして僕が気付いた時には、店員は無言のまま卓を去ろうとしていたのだ。

流石《さすが》にこの量のタレをこぼして気付かない訳はない。卓を去ろうとしていた店員が友達に指摘されたことにより、初めて「あぁ、申し訳ありません」と謝罪をしておしぼりを何枚か持ってきた。違和感を抱きそうな行動だが、ここは大らかに、許そう。

無言で皿を下げて、タレを携帯にかけてしまっても、客が気付いていなければ知らないふりをして去るなんて行動は普通はできない。しかし、そんな小ずるい生き方の人もいるのだ。謝るよりこの場から逃げて、あわよくば責任の所在が有耶無耶になればいいと思ってしまう、そんな考えを持ったしょうもない人もいるのだ。

ところが僕がおしぼりで携帯を拭いていると、他の席から「すいませーん!」と店員を呼ぶ客の声が聞こえてきて、こともあろうにその店員はふらっと呼ばれた卓に行ってしまったのだ。もちろんこちらの認識ではまだ謝罪の真っ只中である。他の席からの声に「しめた！」と言わんばかりに「失礼します」の一言も無く、この場から立ち去ってしまったのだ。だが僕は怒らない。ここは大らかに、許そう。

謝罪もしっかり終わらせず、他の客に呼ばれたのをいいことにその場から離れる。そんな馬鹿もいる。世の中みんなが誠実な訳じゃない。謝罪相手の目の前からあからさまに逃げるような、愚かな人生を送ってきた人だっているんだ。

僕はそのまま携帯電話を拭き続けた。そして拭き終わったおしぼりを机の端に積んでおいた。そのおしぼりをいつまで経っても店員は片付けない。タレをかけられたほうは、このおしぼりの山を見ているだけで嫌な思いをすることもあるだろう。皿はすぐに下げるのに、このおしぼりは待てど暮らせど片付けない。だがそこは大らかに、許そう。

ここまできても客の気持ちを考えられない、そんな糞人間だっている。僕が店長だったらこんな店員は即座にクビにしている。でも店長は僕じゃない。自分の考えを押し付けてはいけない。

怒らずに、もうある程度お腹は満たしたので店を出ようと、伝票を持ってレジに向かった。するとホールの店員がレジに回ってきて会計を始めた。そして会計が終わって店を出るまで謝罪は一切無かったのだ。

その上、一度謝ったことでもう清算されたかのように、レシートと共にマニュアル通りに次回使えるサービス券を渡してきたのである。何をもってサービスなんだ。そんなことを言いたくなるところだが、ここは大らかに、許そう。

どういう神経でサービス券を渡しているのかは僕にはわからない。でも彼は僕じゃない。これで次も来てもらえると思っている、そんな察しの悪いゲス野郎だっているんだ。人に迷惑をかけてもしっかり謝罪できない、そんな奴はロクな育ちをしてきていないだけなんだ。

僕はレシートとサービス券を受け取り、店を出た。出たところで、ふぅ〜、と息を吐く。よかったよかった。怒らず、被害を受けても大らかにいられた。僕はその日、人に対して一度も間違いを指摘せずに過ごすことができたのだった。

〝許す〟というテーマを持って生活してみた。それでわかったことがある。〝許す〟と〝見下す〟は紙一重だ。人が間違っていても、その人を見下すことで「怒ってもしょうがない」と思える場合がある。

他人に怒らない人ほど、他人に期待していないのかもしれない。そして、それは自分には合っていない。なので、考えを改めることにした。

僕は今後、人を対等に見て、公平な基準に従って、おかしなことがあったら、ちゃんとキレよう。そう心に決めたのだった。

ナタデココだけは絶対に持っていく

次の電車まであと12分、ホームの自販機で飲み物を物色していた。ホットが増え出したラインナップを上から見ていると、一番下の段にある背の低い缶ジュースの1つに目が留まった。白と水色を基調とした缶の、ヨーグルト味のジュース。商品名がなんとも可愛らしい書体で書かれているのだが、僕が目を留めたのは、商品名の横に書かれた〝ナタデココ入り〟という文字。

僕はこのナタデココというものに子供の頃の思い出があり、〝ナタデココ〟と見ると、毎回その時の記憶が蘇って苦い気持ちになるのだ。

小学5年生の頃、週に1時間だけ〝特別選択授業〟というものがあった。4つある

授業の中から1つを選んで、1年間その時間は選択した授業を受けることになっており、僕は〝授業中に何かが食べられる〟という理由で『料理』の授業を選んでいた。

この〝特別選択授業〟、学校のすべての授業の中で唯一、4年生から6年生まで同じ授業を選んだ者達が合同で受ける。なので料理の授業では5人の班を作らされていたのだが、班員の学年はバラバラであった。

ある日の料理の授業で、その日作った料理を食べながら、翌週作るものの話をしていた。先生から出されたお題はフルーツポンチ。食材は自分達で用意しなくてはならず、誰が何を持ってくるかの相談をしていた。

僕の班は6年生の女子が班長だったので、僕はその上級生の女子にはあまり意見を言わず、大概振り分けられた食材を言われるがままに持ってきていた。その時も僕が何も意見しないでいると、班長の女子に「じゃーナタデココ担当ね」と言われ、翌週ナタデココを持ってくることに決まった。

だが、翌週。料理の授業前日の夜のことである。僕はナタデココを調達するのをすっかり忘れていたのだ。家で夕飯を食べ終え、テレビを見ている時に気付いた。僕が慌ててそれを母親に言うと、母親は「何やってんの！　もうスーパーやってないよ！」と呆れたように言った。それでもナタデココを持って行かなくてはならないと訴えると、母親は渋りながらも車で僕をコンビニまで連れて行ってくれた。

店に入り中を見て回ると、早速デザートコーナーにナタデココが置いてあるのを見つけた。僕は安堵した。しかし束の間、母親が来て後ろから「ちょっと、これは高いよ」と言ったのだ。

確かにコンビニに置いてあったナタデココは、食後に1人で食べるようなカップに入った小さいもので、これを5人分買うとなるとそこそこの金額になる。小学生が1回の授業で使う金額にしたら高いのかもしれない。だが、ナタデココ担当としてそこは食い下がった。

それに対し、母親は「なんでアンタがナタデココ持ってくことになっちゃったの。だめ、ナタデココは買えないよ」と叱りつけるように言うのだ。僕は絶望的な気持ちになったが、家は団地住まいでそこそこ貧乏だったので小5なりに、家計を圧迫してはいけない、というような気遣いが生まれ、それ以上はせがむことができなかった。

明日班員に何を言われるのかという想像が頭を巡り、さらなる絶望感に襲われているると「これでいいじゃない！」という母親の声がナタデココの陳列棚の裏から聞こえてきた。裏に回ってみると、母親の指差す先に、大きなパックに入った徳用の杏仁豆腐があった。

一瞬意味がわからなかったが、母親は「これならナタデココとそんなに変わらないでしょ」と言った。白っぽい角張ったゼリーみたいなやつ、というくらいで、代用品と言うには相当に無理がある。

それでも、何も持っていくことができない絶望的な状況からすると、少し和らいだ気がした。というよりはナタデココを持っていくことができない現実から目を背け、この杏仁豆腐でどうにかごまかすことができる！　と思い込みたかったのだ。

実際はナタデココと杏仁豆腐ではどう考えても違うのに、僕は母親に「うん、大丈夫だと思う」と言い、明日のために杏仁豆腐を購入したのだった。

次の日、僕は手提げ袋に杏仁豆腐を入れ、学校へ向かった。そして5時間目にいよいよ料理の授業となった。

僕は震えていた。なぜならナタデココを持ってこいと言われたのに杏仁豆腐を持ってきてしまっているからだ。事の重大さを、時間が近づくにつれ実感していた。

授業が始まり、皆手を洗うなどして準備をする。僕はどうにかギリギリまで杏仁豆腐を出さないでおこうと思い、手提げに入れたまま隠すように椅子に置いていた。

そしてフルーツポンチ作りが始まる。班員が持ち寄ったフルーツを食べやすい大きさに切って、器に並べていく。小学生の料理の授業など簡単なもので、そんな工程など一瞬で終わってしまい、いよいよナタデココを器に盛り付ける時が来た。

僕は手提げからコンビニ袋を取り出した。そして震える手でコンビニ袋からパックに入った徳用の杏仁豆腐を出し調理台に置いたのだ。

班員全員、何かおかしい、というような顔をしていた。すると班長の女子が冷ややかに言った。「は？　杏仁豆腐じゃん、それ」同時に、こめかみに血管が浮き出るような憤りの表情で睨みつけてくる。それもそのはず。ナタデココを持ってこいと指示された奴が、翌週に杏仁豆腐を持ってきてしまったからだ。

班長の女子は睨みつけながら「ナタデココは？」と聞く。その言葉と表情に怯えてしまった小5の僕は「ナタデココ買えなくて、代わりに杏仁豆腐買ってきちゃいました」という説明ではなく「え？　あ、え？　あれ……？　あんにん……？」と、挙動不審にとぼけることしかできなかった。

とぼけている僕を見た班長の女子は「なんでだよ」と、突き刺すような言葉で、さらに追い討ちをかける。すると、不穏な空気を察したのか先生が来て事情を把握し「まぁ、杏仁豆腐も美味しいじゃない」という一言で場を収めようとした。

だが、班長の女子は「ありえない」と機嫌を直そうとしない。それもそうである。

ナタデココを持ってこいと指示した奴に、杏仁豆腐を持ってこられたのだ。

そして悲しいことに、その僕の情けない姿は、下級生である4年生の班員にも見られてしまっていた。4年生ですらナタデココと杏仁豆腐の違いくらいわかるだろう。

僕は涙が出そうになるのを「あれ？　ナタデココ持ってこいって言われたんだ？　杏仁豆腐じゃなかったんだ」と、未だにとぼけを装っている嘘の表情で上書きした。

その後、仕方なく先生の指示のもと杏仁豆腐を使うことになった。フルーツを盛り合わせた器に、白いひし形の杏仁豆腐を入れる。そこにサイダーを注ぎ、杏仁豆腐のフルーツポンチが完成した。

他の班はナタデココを入れたフルーツポンチができあがっている。僕の班だけはサイダーにひし形の杏仁豆腐が泳いでいるのだった。

班長の女子はその日、杏仁豆腐入りのフルーツポンチを食べなかった。それから、1年間の料理の授業が終わるまで、僕は班長の女子に厳しい態度をとられ続けたのだ。

あの日の、あの班長の上級生の女子の言葉と表情は一生忘れられないだろう。このことを僕は結構な大人になるまで、人に話すことすらできなかった。それくらい思い出したくない記憶なのだ。

ナタデココという言葉や、ナタデココそのものを見るとそれを思い出してしまう。その度に、次にナタデココを持ってこいと言われた時は、何があっても絶対にナタデココを持って行こうと思うのだった。

初めてのサイン会に行ってみた

小学生の頃、ずっと漫画を読んでいた。父親が漫画の週刊誌を毎週4、5冊買っていたので、とにかく多くの最新話を読める環境に置かれ、漫画英才教育を受けていたのだ。

当時、それだけの量の漫画雑誌を毎週買っているのは同級生の中では僕の家だけで、雑誌の発売日から2日過ぎると、友達が僕と父親の読み終わった雑誌をもらいに、わざわざ住んでいた公営団地の5階まで訪ねてきていた。そしてその友達がもらった雑誌を次の友達に、さらにまた次の友達に、といった〝回し読み〟と呼ばれるものの源流に僕はいた。そのことには、子供ながら優越感を覚えていたと思う。

大人になるにつれ、自分のお金で単行本を買うようになり、電車に乗るたびに駅の

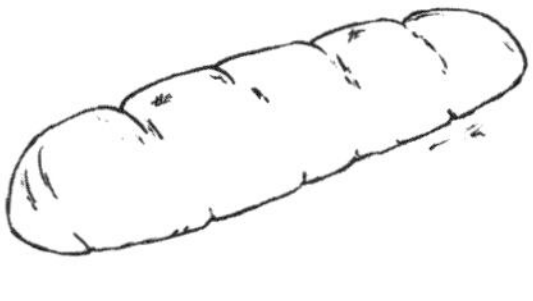

本屋で買っていたら、家にある漫画は３０００冊程になった。

そんな漫画も30歳の時、一人暮らしを始めるにあたって全て実家に置いてきてしまった。漫画は買わなくなり、その代わりに、アニメをひたすら観るようになっていったのだ。

しかし、アニメに移行してからも1冊だけ月刊の漫画雑誌を毎月買っていた。それはいわゆる〝成人指定〟の雑誌であった。性描写のある漫画が毎月何作も掲載されている雑誌を、僕は面白半分で購読していた。

やがて毎月購読している中で、気になる作品に出会った。その作品は、他の作品とは絵のテイストが明らかに違った。どこか、この雑誌を読むような人の好みの絵からは外れていて、性描写のある漫画でありながらも品があった。話もストーリーをしっかり読ませてくれるようなもので、絵も相まって、掲載されている作品の中ではかなり異色に感じられた。

僕はこの作品を描く漫画家が気になり、インターネットで漫画家のことを調べ、出てきた作品を読み漁った。そして、そのままのめり込んでいったのだ。

さらに調べていく内に僕はある情報に辿り着く。近日、その漫画家のサイン会があるというのだ。概要を見ると抽選に当選するのは１００名、当日会場限定で販売される冊子を買い、それにサインをしてもらえるというものであった。よく読むと、応募の締め切りが迫っている。僕はすぐに手続きをし、サイン会に応募した。

数日後、メールボックスに抽選結果が送られてきていた。開けると、そこには『当選』の文字。どれくらいの応募があったのかはわからないが、嬉しかった。が、僕は同時にあることに気付いた。誰かのサイン会など、一度も行ったことがないのだ。

漫画家のサイン会の勝手がわからない。当選メールに書いてあった会場は、小規模だがおしゃれなイベントスペースであった。

僕はなんとなく、会場の様子とサイン会本番の想像をしてみた。会場には成人指定の漫画が好きそうな、前のめりで汗だくの男達が集まり、それらが前後の狭い間隔で行列を成している。そこに並んだ僕は、自分の前にいる参加者のTシャツの汗ジミがどんどん広がっていくのを見ながら、順番を待つ。程なくして自分の番が来る。そして持っていた冊子を漫画家の先生に渡し、サインをしてもらうのだ。

と、この一連の想像をして僕は気付く。冊子を渡す時と、先生がサインを書いている時間。その2つのタイミングで、せっかくサイン会に当たって来ているのだから、何かこちらから先生に喋りかけたほうがいいんじゃないのか？　おそらく話せるとしたらその2つの瞬間だろう。僕は想像を巡らせながら、伝える言葉をじっくり考えた。

当日、メールに書いてあった集合時間より少し前に会場に着いた。会場の入口では、今日のサイン会の参加者と思しき人達がわらわらと集まっていた。だが、僕はそこで想像もしていなかった事実を目にする。

参加者のほとんどが女の人なのだ。20～30代の女の人が9割を占め、男ばかりの暑苦しい列の想像とはかけ離れており、言わば女の園といった雰囲気。先生の漫画は成人指定の雑誌以外に掲載されることもあり、もしかするとそちら側の読者層なのかもしれない。

僕は成人指定雑誌の漫画のほうの印象が強すぎて、自分が女の人ばかりの人だまりの端にポツンと立たされるこの状況を予測できていなかった。頭の中で何度も練習会場に使ってきたあの汗臭いサイン会場は崩れ去り、現実のサイン会の前で妙に緊張してきてしまった。

時間になり、係員が出てきてメールに書かれていた番号順に中へ案内する。中盤あたりで僕も呼ばれ、建物に入った。中のひらけた空間には間隔を空けて椅子が並べられており、参加者は案内された順にそこに座っていた。

この光景も想像とは違う。立ちながら並び、参加者の列が先生の待つテーブルまでゾロゾロと続くのを頭に浮かべていた。

そのまま全員が椅子に座り、係の人が「それではサイン会を始めたいと思います。先生よろしくお願いします」と言うと、イベントスペース前方の扉から先生が出てきた。もちろん姿を見たことはなく、あれがあの漫画を描いている先生かぁ、と動きのひとつひとつを目で追った。

そこから番号を呼ばれた参加者が順々に前のテーブルに行き、冊子を渡してサインを書いてもらうといった流れで、割とテンポ良くサイン会は行われていった。呼ばれる番号が自分に近付くにつれ緊張感は増し、ついに僕の前の人の番号が呼ばれた。

僕の前の人は小柄な女の人であり、自分の番号が呼ばれると、足元に置いていた荷物を持ち小走りで先生の座るテーブルへ向かっていった。しかし、先生の待つテーブルの少し手前にちょっとした段差があり、そこに躓《つまず》いて、前の人は大転倒した。そして持っていたハンドバッグの中身を会場にぶちまけたのだ。

前の人……!!　と思ったのも束の間、前の人は即座に立ち上がり、飛び出した中身をすごい勢いで拾いながら、バッグに押し込め出した。

心配した先生が「大丈夫ですか……?」と声をかけたが、前の人は「大丈夫です!大丈夫です……!」と、一心不乱に荷物を拾ってはバッグに投げ入れていた。

その様子を他の参加者と共に見ていて、僕は恐怖を覚えた。緊張が度を越えてしまえば、ああなってしまうかもしれない。前の人は自分だったかもしれない。あんな状況に陥れば、先生の前に立っても、もうサイン会どころではなく、無数の反省が頭を巡るだけの時間になってしまうだろう。それはあってはならない。

先生にサインをもらった後、逃げるように会場を出る前の人を見て、気持ちを入れ直した。

とうとう係員が僕の番号を呼んだ。僕は荷物を持って立ち上がり、途中の段差に細心の注意を払いながら先生の待つテーブルへと歩き、無事先生の目の前まで辿り着いた。

僕は軽く頭を下げながら「よろしくお願いします」と言い、サインをしてもらう冊子を差し出した。そして先生が受け取る直前、僕は先生に喋りかけようと考えていた言葉を声に出した。

「成人指定の雑誌で読んでファンになりました……」

その時、前日から考えていた言葉のはずが、全く想像していたようには言えず、思ったより声が小さくなってしまった。さらに女の園のこの会場で、成人指定の雑誌で読んだなどと伝えてよかったのだろうかという後悔が声に出してから湧き上がり、土壇場での自分の気持ち悪さに気付く。

それをどうにかしようと焦ったのか、「あ、いや、来られる方がこんなに女の人ばかりだと思わなくて……成人向け雑誌で読んでたんで……」と口が勝手に喋っている。僕は大転倒した前の人を思い出していた。この取り繕おうとして逆に困惑させている状況は、あの前の人と一緒だ。冷静にならなくてはならない。

冊子を受け取った先生が、サインをし始める。僕はここで先生に何か質問することを決めていた。試行錯誤を重ね、何人も相手をするサイン会でさんざ聞かれたであろう質問ではなく、答えによって少しパーソナルな部分がわかる質問を考えていた。その末、導き出した質問を先生にぶつけたのだ。

「朝ごはん、いつもなに食べてますか……?」

言った瞬間に僕は自分が気持ち悪いとわかった。本番前までの想像では、こんなはずではなかったのだ。朝ごはんという爽やかな言葉を含めた絶妙な質問に思えていたのだが、緊張で絞り出した声と、少しヘラヘラしてしまったことで相当気持ち悪くなってしまった。

早くこの場から逃げ出したい。あの前の人と同じ気持ちになっていた。

先生はサインを入れた冊子を僕に渡しながら、「地元のほうでは有名なのですが……」と言って地方で有名なパンの名前を教えてくれた。その言葉を聞き終わるか終わらないかで「ありがとうございました……」と頭を下げ、冊子を受け取り、足早に会場を出たのだった。

なぜこんなことになってしまったんだ。会場を出た瞬間からはっきりとした後悔が始まっていた。

準備不足だったわけではない。自分から出たものが思っていたよりずっと粗末だったのだ。そして自らを客観視した時の恥ずかしさに心が削られ、泥沼にはまっていってしまっていた。

少し歩き、道を曲がったあたりで周りに人がいないことを確認して、気持ちを落ち着かせた。そこでもらった冊子を開いた。

見ると今し方書かれた先生のサインがあり、それを眺めながら、自分がした質問に対する先生の答えを思い出していた。すると、もしかしたらあの質問は先生の地元のことも知ることができて良い質問だったのかも知れない……！　と、少し前向きになる手がかりを見出せたのだ。

そして僕はぎゅっと冊子を握り締め、会場を出た時とは違う、軽やかな小走りで駅を目指すのだった。

高校生の僕と加藤と〝もえたん〟

久々に連絡が来て、高校の頃の友達と会うことになった。僕は大々的に開かれる同窓会で、仲が良かった同級生もそうでもない同級生も一緒くたに集められる感じが好きではない。なので、本当に仲の良かった同級生2人と僕の3人だけでの小規模な飲み会だ。

ラグビー部の加藤《かとう》と、水泳部の南里《なんり》という2人の男で、3年間クラス替えのない高校で同じクラスだった友達である。

約束した日の夕方、地元で一番栄えている街の駅で待っていると、加藤がやってきた。スーツ姿にビジネスバッグ、すっきりとした髪型で、まさにサラリーマンといった感じだ。

「おーっす」と、久々に会うが挨拶は高校の頃と変わらない。本当に仲の良かった友達との接し方は、なかなか忘れないものだ。時間が空いても距離は開かないのかもしれない。

しばらくして南里もやってきた。私服なのだが大きめのキャリーバッグを転がしている。聞くと、今は地方に単身赴任していて、休みを今日に合わせて地元に帰ってきたと言うのだ。

お互い30代半ばにして、喋り方や雰囲気は変わらないのだが、確実に大人になっていると感じた。そのまま3人で駅前の居酒屋に入った。

加藤が瓶ビールを頼む。僕と南里もそれに合わせてビールグラスをもらうことにした。瓶ビールがくると、3人がお互いのグラスにビールを注ぎ合い、乾杯をした。

加藤がビールを一気に飲み干し、心底美味そうな顔で「久々に飲むわ〜」と言う。南里も唸っている。加藤と南里は結婚をしていてともに子供が2人いるので、こうして友達と飲む機会も久しぶりらしい。独身の僕を羨《うらや》ましそうな目で見る。これは家庭を持った男だけができる、贅沢な羨ましがり方なのかもしれない。

「何食おうか」と加藤がメニューを開き、居酒屋のジャンクなラインナップに心を躍らせている。この加藤は僕と家が近かったので下校を共にしたり、放課後遊びに行ったりなど、高校時代一番仲の良かった友達ではないだろうか。3年の時にはラグビー部で主将をしており、その頃から今も変わらず図体がでかい。縦にも横にも大きく、ガッシリとしているのだ。

加藤は不思議な男で、クラスの中心的な人物だったのだが、クラスメイトの上に立って引っ張っていくやり方ではない。分け隔てなく誰とでも仲良くなって、地味で自ら喋らないようなクラスメイトのところにも「みんなで仲良くしようぜ」と関わりに行き、気付けば中心にいるような男なのだ。

僕は自分に関わってこない地味なクラスメイトに率先して話しかけるような人間ではなく、気が合わないなら話さなくてもいい、という考えだったのだが、加藤がクラスメイト同士の垣根を壊すことによって、誰が誰と話していても違和感のないクラスとなっていた。他を見てもそんなクラスはなく、1軍、2軍、3軍といった序列のようなものが存在しない、全員が並列で仲の良いクラスだったと思う。

そのクラスに、地味めなゲームオタクの男がいた。ゲームオタクの彼は当時、オタク界隈で流行った『萌える英単語』という、いわゆる〝萌える〟可愛らしい女性キャラクターの絵が描かれた単語帳を持っていた。それを見つけた加藤が「何これ！ すげー！」と馬鹿にするでもなく周りに見せた。

その行動は一つ間違えばゲームオタクの彼を辱める行動になり得たかもしれない。しかし加藤の言葉の雰囲気でそうはならず、それに周りも興味を持ち、みんながゲームオタクに話しかけるようになった。数日後、ゲームオタクの彼には萌える英単語帳を略した〝もえたん〟というあだ名が嫌味なくつけられた。もえたんは美少女のイラストが上手く、加藤や他の男子がリクエストした卑猥な想像をイラストに描き起こすことで、関係が生まれていた。僕も普通に高校生活を送っていたら話さなかったであろうもえたんと、いつの間にか自然に話すようになっていたのだ。

お酒も進み、3杯目を注文した時、ふとそのことを思い出し、僕は加藤に「加藤ってさ、なんで高校の頃、あんな風にみんなで仲良くしようとしてたの？」と聞いてみた。すると加藤はハイボールを一口飲み「まぁ、デブだからだな！」と答えた。

僕と南里が言葉の真意が摑めず「？」となっていると、加藤はもう一度「俺がデブだからだよ」と説明し出した。

加藤は中学生の頃、太っていたことで同級生に「デブ！」とイジられていたのだが、加藤自身は太っているほうが周りを安心させられるし、弱点をさらけ出して安心させることで関係性を築きやすいと思っていたらしい。そして加藤は「だからクラスの地味な奴らも、ちょっと面白いところを見つければ、それをきっかけに仲良くなれるし、そいつ自身もクラスでやりやすくなるんだよ」と言った。

「はぁ〜！」と僕と南里は感心した。その考えが高校生で身についていたことにも、それを実行した結果、全員が仲の良いクラスになったことにも驚いた。

さらに加藤が僕に「お前はそうじゃないから仲良くなれたけどな」と話す。どうやら、中学で言われていた「デブ」というイジり方を、高校に入って僕だけはしなかったので、フラットに仲良くなれたらしい。確かに僕は、加藤のことをとにかく気の合う友達だと思っていたので、見た目は気にしていなかったのかもしれない。自分では思いもしないところで歯車が合っていたようだ。

僕は今でも、もえたんのことは面白い印象の人物として心に残っているし、どうしてるかな？　と思ったりもする。この感覚は、加藤という男がいなければ生まれなかったのかもしれない。そう考えているうち、僕は「もえたん、どうしてるかな？」と自然に呟いていた。

それを聞いた南里が「もえたんの卒業文集読んだ？」と僕に言った。僕は卒業文集のことはあまり記憶になかった。南里にどんな内容だったのか聞くと、もえたんの卒業文集の作文の最後に『僕はこのクラスで本当に良かった。他のクラスだったら友達もできず、いじめられていたかもしれない。本当にこのクラスで良かった』と書かれていたというのだ。

僕は微かにずっと引っかかっていることがあった。クラスメイトがもえたんを面白がっている反面、もえたん自身はどこかで嫌な思いをしていた部分もあるんじゃないかと。しかし、高校のあのクラスは間違いなく全員が仲の良いクラスだったのだ。

夜10時。帰りがあまり遅くなれない加藤と南里とは駅で別れた。帰りの電車をホームで待っている時、過ぎゆく快速電車に照らされて、高校の頃の思い出がまたさらに明るくなった気がした。

墓場から侵入する蟻との闘い

墓場の真隣のアパートに住んでいた頃、毎年夏になると家の周りに蟻が大量発生していた。家の中に入ってくることはなく、建物自体にも影響はないのだが、周辺至る所に蟻が這っているのは気持ちの良いものではない。

なぜこんなにも蟻が大量発生しているのか。どうやら蟻は墓場から来ているようだ。墓場とアパートを隔てるブロック塀を越えてこちら側まで侵入してきており、その証拠に、墓場に近づくにつれて蟻の数が多くなっているのが見てわかる。

この隣の墓場、住宅地の中にあるのだが、所有している寺が少し自然を残そうとしたのか大小様々な木が数多く生え、雑草も手入れされないまま伸びきっている。見ようによっては〝自然と共存する墓地〟といった、心優しい考えのもと作られた墓場に

見えなくもないのだが、ぱっと見た感じは〝忘れ去られた汚い墓場〟である。

蟻にとってはさぞかし繁殖しやすい環境だろう。どこかで〝自然と共存する墓地〟の考えを押し出せば手入れをしなくて済むと思っているのではないか、とも勘ぐってしまう。

墓場の管理状態には苦情を言いにくい。寺に苦情を言ってしまうと、死後、極楽浄土へ行かせてもらえなくなりそうだからだ。

仏教への信仰心はほとんどないのだが、住職が「生き物は自然と共にあるもの。その自然に手を加えてしまえばそこに住む生き物の命を絶ってしまうことと同じ。無益な殺生をしては極楽浄土へ行けませんよ」などと言えば、苦情を言う愚か者を牽制できる。

この寺側の自然への優しさを盾にするやり口は、いつかどうにかしなくてはならない。そもそも寺や墓を作る時点で自然を破壊し、生き物も殺しているはずなので、よく考えれば寺側のその主張は的外れなのだ。

それに対しても「寺や墓地を作る行いは仏様の命《めい》を受けてやっているのでセーフ」などと返してきそうなところが、宗教の曖昧さであり強みなのだろう。多少の苦情など、簡単に蹴散らせると思っているに違いない。

こちら側に間違っているところがあるとすれば、今述べた寺側の主張を、実際にはひとつも聞いたことがないということだろうか。

遠くに見えるお供え物の饅頭に、無数の蟻がたかっている。おそらく、お供え物も蟻の餌となって大量発生に拍車をかけている。

そして故人も、あんな蟻にたかられた饅頭など食べたくはないだろう。さらに言えば、お供えされた後しばらく外気にさらされた饅頭も食べたくはない。お供え物は参拝者の気持ちの問題だからいいということなのかもしれないが、それなら実際に饅頭は置かず、気持ちの上で饅頭を置けばいいのではないか。

気持ちさえあれば実際に饅頭など置かなくても、気持ちの上での饅頭を作り出せるはずである。その〝気持ちの饅頭〟ならば、蟻にもたかられず、外気にも触れないので、綺麗なままの〝気持ちの饅頭〟を保てるだろう。故人にも、より綺麗な〝気持ちの饅頭〟のほうが喜ばれよう。

しかも〝気持ちの饅頭〟は、気持ちの上での饅頭なので、いくらでも高級なものにできる。〝気持ちの和三盆〟を使い〝気持ちのこしあん〟をふんだんに詰めた〝気持ちの高級饅頭〟を、〝気持ちの京都〟にある〝気持ちの老舗和菓子店〟で買ってくればいい訳である。

しかし、この時気をつけなくてはいけないのが、気持ちを込めすぎて、気持ちの世界を詳細に描き過ぎてしまうことだ。気持ちの世界の解像度を上げてしまうと〝気持ちの饅頭〟をお供えした時に、〝気持ちの蟻〟にたかられてしまう。さらには〝気持ちの外気〟にもさらされてしまう。それでは本末転倒である。

その場合〝気持ちの饅頭〟を、〝気持ちのタッパー〟に入れるなどしてお供えするのが良いだろう。だが、そうなると〝気持ちのお供え物泥棒〟などにも気をつけなくてはならない。

そしてそこまで気持ちの世界を広げられるのであれば、お供え物も〝気持ちの饅頭〟などではなく〝気持ちの大トロ寿司〟や〝気持ちのA5ランク黒毛和牛のステーキ〟などにしてあげたほうが良い。

考え出してしまうと、気持ちの加減は非常に難しい。

蟻の対策方法をしばらく考えていたが、ふと友達に、害虫駆除の仕事をしている男がいることを思い出した。すぐさまその友達に電話をかけた。

するとどうやら、蟻は塩素系の薬品の匂いが苦手らしい。身近なものだと台所で使う漂白剤で、これを50倍近くに薄めて撒いておけば、蟻は逃げていくということだった。

話は早い、と、台所から漂白剤を取り出し、50倍に薄めた液体をバケツいっぱいに作った。そして家の外に出て、アパートと墓場を隔てる、蟻には無力のブロック塀に、それを上から撒いたのだ。

ここを封鎖してしまえば蟻もアパート側には来られないはず。僕はターゲットを始末した殺し屋のように、後ろを振り返らず颯爽と家の中に入った。

次の日、外は夏の暑い日差しが照りつけていた。蟻がどうなったか気になっていた僕は朝から家の外に出て、昨日、薄めた漂白剤を撒いたブロック塀を確認した。すると蟻より先に、ブロック塀が目に入ってきた。

ブロック塀は漂白剤のかかった場所だけ真っ白になり、まだらに変色してしまっていたのである。明らかに、何か薬剤をかけたな、という感じだ。かかっていない場所の濃い灰色が、真っ白を際立たせている。

友達に蟻が大量発生するという話はしたが、ブロック塀にいるという話はしていなかった。漂白剤のデメリットを聞いておくべきだったのだ。

蟻は見事にいなくなっていた。ブロック塀をあれだけ這っていた無数の蟻が綺麗に消えていた。

しかし僕には、蟻を撃退したことより塀の変色のほうが衝撃的であった。墓場側からも一目瞭然。墓場を取り囲むブロック塀の一箇所が白く変色している様子は、誰の目にも異常に映るだろう。

僕は仏教への信仰心はない。だが日差しの強い夏の朝、僕は初めて思ったのだ。これはもしかしたら極楽浄土に行かせてもらえなくなるかもしれない、と。

歯医者をハシゴする

大人になってまで何をやっているんだ、と思う。たまにガムやソフトキャンディなどを噛んでいて歯の詰め物が取れてしまうのだ。

先日もスーパーで買い物をして車で帰っている途中、買ったグミを袋から取り出し食べながら運転していると、口の中で急にカチャカチャと何か硬いものが転がる感触を得た。それが取れた歯の詰め物だった。

取れた瞬間、また子供のような失敗を犯してしまった、と反省し、次に、グミを食べるのを家に帰るまで我慢できなかったのか、と情けなくなるのだった。

家に帰り、取れた白い詰め物をティッシュでそっと包む。取れた詰め物をティッシュでそっと包む作業を、今までの人生で何回したのだろう。でも、反省もしばらく経

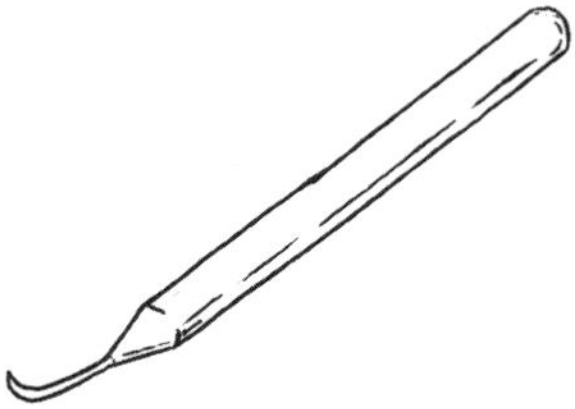

てば、きっと忘れてしまう。

次の日、取れた詰め物をまた歯に接着してもらうべく、いつも通っている歯科医院を3日後に予約した。この時ふと、ひとつ思い出した。僕には夜寝ている時にたまに歯軋《はぎし》りをしてしまう癖があり、それを解消するために、マウスピースを作ることで評判の歯科医院に行ってみようと前から思っていたのだ。

3日後に予約したいつもの歯科医院の時間まで予定がなかったので、その評判の歯医者でマウスピースを作ってもらおうと思った。そして携帯電話の専用アプリで予約を取り付け、15時にマウスピースを作る歯医者、17時にいつも通っている歯医者へ行くことに決まった。

こうして僕は、初めて歯医者をハシゴすることとなったのだ。

当日、まずはマウスピースを作るほうの歯科医院に足を運んだ。受付で予約名を告げて問診票を書きながら椅子に座っていると、すぐに名前を呼ばれた。

部屋に通され、先生が来る。「今日はマウスピースを作りたいとのことで……」40代くらいの男性の先生が、僕の書いた問診票を見ながら言う。僕が夜の歯軋りの件を伝えると「わかりました。では一度、口の中を見させてもらいますね」と椅子を倒した。

僕が口を開け、見始めるとすぐに「あれ？　奥歯に詰めてたもの外れてます？」と先生が言った。そうである、この後接着しに行くので詰め物は取れたままだ。僕は「あぁ、そうですね」と、なんとなく返事をした。

続けて先生は「詰めてたものってお持ちですか？」と僕に聞くので「一応持ってますね」と答えた。すると先生が「それならその詰め物、入れ直しましょうか？」と言うのだ。なんだかややこしいことになってしまった。だが歯科医としては真っ当な流れである。

この後予約している歯医者があるので、僕は「いやぁ、大丈夫です」と答えた。先生は「あぁ、そうですか」と言いながら、眉をひそめている。そして先生が口の中をもう一度見始め、しばらくして「ん、でもこの詰めてたものが取れてる歯の手前の歯、おそらく詰めてたものが干渉していた影響で若干虫歯になりかけてるんで、ここだけ削っときましょうか？」と言った。

僕は言葉に詰まりながら「あ、えーっと大丈夫です」と答えた。不思議な患者である。先生が「え、あ、いいんですか？」と、予想外の答えが返ってきたという反応を示す。

だが僕からすると、面倒くせーな！　こっちはマウスピース作りに来てんだよ！

お前とはマウスピース作ってもらうだけの関係のはずだろ⁉　治療はこの後約束してる本命の歯医者でやってもらうんだから！　そこは割り切れよ！　という話なのだ。

歯科医はすぐに治療をしたがる。最初はマウスピースを作るだけという約束で始めた関係でも、しばらくすれば治療をしたいと言い始める。全く面倒臭い歯医者を選んでしまった。これだから歯医者選びは難しい。

思い返せば、携帯電話のアプリで予約してしまっていた。アプリなんかで顔も見ずに決めるものではなかった。しかし、マウスピース作りにおいてはすごいという噂に興味本位で近づいてしまったのだ。

マウスピースを作るのが上手で、治療をしたいと言い出さずに割り切ってくれる都合のいい歯科医はなかなかいないものである。

その後、治療をなんとか躱《かわ》し、マウスピース用に歯の型をとってもらうと「型取れましたんで、1週間後に出来上がってきます。来週また来てください」と先生が言う。

おい、すぐ会おうとするじゃねーか！　お前に会うのは俺の気分次第なんだよ！

と思いつつも、受付で来週の予約をとって歯科医院を出た。

次の予約までは1時間ほどあったので、僕は一度家に帰った。本命の歯医者に行くにあたって、先ほどの歯医者の匂いが付いていないか確認する。そして一応、歯を磨き直した。

僕は歯医者から歯医者へハシゴするなら、絶対にバレないようにするのがマナーだと思っている。バレないようにしてあげることがマナーであり、愛情だ。

1時間後、いつも通っている本命の歯医者に出向いた。受付で診察券を出すと、部屋にすんなり通してくれる。やはり本命の歯医者は話が早い。

先生が来て「詰め物取れちゃいました？　口開けてもらっていいですか？」と言って椅子を倒し、開けた僕の口の中を見る。

案の定「あれ？　他の歯医者行きました？」などと言われることはない。それが僕のマナーのおかげなのか、それとも別の歯医者に行ったことをわかってはいるが、最終的には自分のところに帰ってくると思って黙認する器の大きさからくるものなのかは定かではない。

先生が口の中を見始めてしばらくすると「詰め物が取れてる場所の手前の歯、少し虫歯になりかけてるんで、削っときますね」と言うので「是非お願いします」と答えた。やはり治療するならここなのだ。

実は以前ここでもマウスピースを作ったことがあるのだが、その着け心地が僕には合わなかった。なのでマウスピースにおいての相性は良くない。しかし、治療でずっとお世話になるならここなのだ。治療の上手さとお互いの信頼感で、ここに勝る歯医者はない。

ただ、僕もマウスピースを作りたくなる時ぐらいはある。その時は、マウスピースを作るのが上手い別の歯医者にお世話になってしまう行為は大目に見てもらいたいものだ。

治療が終わり、支払いを済ませて本命の歯科医院から出た。詰め物が再び入った歯を舌で触りながら僕はふと、1週間後、マウスピースを作った歯科医院に行ったら、先生に詰め物が詰まって治療された歯を見られる、そこで何か言われるかもしれない、と思った。

だが元々マウスピースを作るだけという約束なのだ。なので、これ以上面倒臭いことを言ってくるようなら、もうあの歯医者とはこれっきりにしよう。そう心に決めた。

あれからしばらくが経ち、また性懲りもなくガムを嚙むようになってしまった。次に歯医者にお世話になる日も近いのかもしれない。

行きつけの美容室で違和感を積み重ねる

1年ほど前から家の近くの美容室に通っている。歩いて行ける距離にあることと、価格の手頃さで適当に選んだのだが、そこに通い続けている。そもそも僕には美容室の良し悪しがわからず、行く店を変えるのは、毎回家を引っ越した時だけだ。

その日も、数日前にインターネットで予約した行きつけの美容室に向かっていた。5階建ての、フロアごとに何かしらの店が入っている建物で、5階にその美容室がある。

建物に着き、エレベーターに乗る。5階で降りるとすぐに店舗といった作りなのだが、その日は降りた時に少しだけ違和感を覚えた。

いつもならエレベーターのドアが開くと担当の美容師が待ち構えており「こんにち

は。お待ちしてました」という挨拶と共に席に案内される。しかしその日、ドアの先には誰もいなかった。

中へ入り、受付まで進むが店員はいない。しかし4、5人程の少数の店員でやっている店なので、こういう日もあるか、と納得し「すいませーん」と、店の奥にギリギリ届くくらいの大きさの声を発してみる。

すると僕を担当している40代半ばの男性美容師が奥から「こんにちはー」と歩いてきた。だが次の瞬間、その美容師との間に流れる空気に不思議なものを感じたのだ。「こんにちはー」という挨拶の後、どちらが喋り出したらいいのか、というような、1秒に満たない程度の間があった。美容師がすぐに「どうぞー」と僕を席に案内したのだが、僕はその1秒に満たない間に妙な気持ち悪さを覚えていた。

席に座った僕に美容師は「今日はどうなさいますか?」と尋ねた。その質問にも僕はどこか違和感を抱いた。「いつも通りの髪型でお願いします」と言うと「わかりました。よろしくお願いします」と髪を切り始めた。

店にはいつもより客が入っている様子で、他の店員も忙《せわ》しなく動いている。そんな中、僕を担当している美容師も、僕より前に店に来ていた客が髪を染めている途中だったようで、たまにそちらの様子を見に行きながら僕の髪を切っていた。

この店にこれ程の客が入っていることが過去になかった訳ではないのだが、僕は多少忙しそうな美容師を見て、気遣うつもりで「今日大変そうですねー」と声をかけた。するとと美容師も少し微笑みながら「嬉しいことです」と答えた。

そのまま美容師は僕ともう1人の客に対応しながら散髪し、僕の髪を切り終えた。そしてそのタイミングでもう1人の客の会計となったようで、僕のシャンプーをアシスタントの店員に任せ、もう1人の客の会計と見送りをしに行った。

僕の髪を洗うこのアシスタントの女性店員は店に入って1年足らずで、一度シャンプーをしてもらったこともあるのだが、あまり上手とは言えず、たまに爪が頭皮に当たるのが痛い。

しかし、それくらいのことでシャンプーを他の店員に代わってもらったりしたら、行きつけの美容室との摩擦を生みかねないと思い、痛みは気にしないように自分に言い聞かせていた。

シャンプーが終わり、アシスタントに髪を乾かしてもらっていると「失礼しましたー」と担当の美容師が戻ってきた。そして仕上がった髪型を最終確認して、小さく「よしっ」と呟き、散髪が終わった。

だがその時、僕はその美容師の発した「よしっ」に、仕上げの確認が済んだこと以外の意味が含まれているように感じていたのだ。

小さな違和感は次第に積み重なっていったが、僕は店に来た時からのこの妙な気持ちを解決できないままレジに案内されて、会計を済ませ、美容師に見送られながら店を出たのだった。


次の月、先月の美容室での細かい出来事などとうに忘れた頃、1ヶ月経った髪は伸び、そろそろまた美容室に行く長さになっていた。

仕事が休みで予定のない日を確認し、いつものように携帯電話でインターネットの予約サイトを開く。履歴にある『前回と同じコースで予約する』という選択肢から予約するのが一番手っ取り早い方法なので、履歴を開いた。

すると、またしても妙なことに、前回の予約の日付けが2ヶ月前と表示されていたのだ。どう探しても先月の履歴が見当たらず、狐につままれたような気持ちで画面を見つめていた。

だが頭の中で考えを3周ほどさせた時、ふと1つの考えが浮かんだ。僕はその考えと共に、前回の記憶を鮮明に思い出した。散らばっていた点と点の全てが繋がる。それにゾッとしてしまい、同時に背中に大量の冷や汗が出た。

つまり、僕は先月いつも通り美容室を予約したと思っていたのだが、おそらく決定ボタンを押し忘れたなどして実際には予約できておらず、飛び込みの状態で店に行ってしまっていたのだ。それなら前回の違和感の正体がなんだったのかがわかる。

エレベーターのドアが開いた先に店員が誰もいないのは当たり前で、奥から出てきた担当美容師との挨拶の後、どちらが喋り出すのかというような1秒に満たない妙な間も「今日の来店はどういう用件ですか？」という意味の間なのだ。

「今日はどうなさいますか？」と言う美容師に対しても、散髪の内容を選んで予約したはずなのに1から聞くような質問をしてきたことに違和感を覚えていたが、至極真っ当な対応である。

さらに、他にもう1人の客も対応しながら僕の髪を切っていたが、向こうの客が正当な予約客なのだ。僕のような野良飛び込み客のおかげで急に2人の客の対応を強いられて、さぞかし慌ただしかったに違いない。

それにも拘わらず僕は「今日大変そうですねー」と間抜けな一言を放ってしまった。その時、自分が上から目線で手を差し伸べるような気遣いを見せていたつもりだったことにも、見当違いを通り越していて吐きそうである。

美容師も内心「お前のせいだろ！」と思っていたが、その場では「嬉しいことです」と答える他なかったのだろう。

女性店員のシャンプーを残念がっている場合ではない。野良飛び込み客の僕など、あの女性店員で十分だ。

そして、美容師の最後の「よしっ」の一言も、確認が済んだ、という意味ではなく、無事に一難去った！　という意味が含まれていたのだ。その一難が僕のことだったとは露知らず、飛び込みで髪を切ってもらったことへのお礼も言わないまま、美容師に見送られながら帰っていたのだった。

違和感の全てが僕という野良飛び込み客のせいであり、細かく思い出せば出すほど背中に冷や汗が吹き出してくる。それから、あの日の自分を心の中でこれでもかというほど罵倒したのだった。


何か嫌なことが起きたり違和感を覚えた時、まずは自分を疑うことを忘れてはいけない。僕は申し訳ないと思いつつも、ヘコヘコ頭を下げながら予約サイトで行きつけの美容室に予約を入れた。

そして予約ボタンを押した後、『予約完了』という文字を目で何度も確認するのであった。

自転車をめぐる僕の冒険

自転車を買うことにした。実は1年ほど前にも買おうとしたことがあったのだが、その時はネットで見つけた電動自転車をサイトで買おうとし、注文を終えて銀行振込みをした直後から、購入先と連絡が取れなくなるという詐欺に遭ってしまった。お金はどうにか戻ってきたものの、それから自転車購入の意欲は削がれていた。

だが時間というものの効果はすごい。1年も経つと傷も癒え、また自転車が欲しくなっていた。さらにそれだけにとどまらず、僕は欲しい電動自転車をネットで検索して見つけ、またネットのサイトで購入しようとしていたのだ。

これに関しては、肯定する僕と、この自分の行動にかなり引いている僕がいた。ネット購入であれだけ恐ろしい目に遭ったのに、またネットで買おうとしている。前回

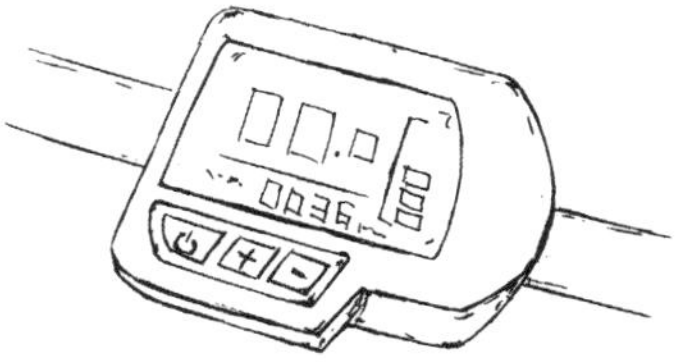

は買ったサイトがたまたま詐欺サイトだっただけで、連続して詐欺サイトに当たる可能性などそうそう無いだろう、と思ってしまっているのだ。

馬鹿か？　少しでも詐欺の可能性があるならやめたほうがいいのだ。ちゃんと店舗で買え。そんな考えも頭に過《よ》ぎるのだが、次の瞬間から、その考えは元々思い浮かばなかったものとなっている。

僕は再びネットで電動自転車を注文し、代金を振り込んで、購入先からの連絡を待った。案の定、連絡が来るまでの間はドキドキしている。

もしかしたらまた詐欺なんじゃないか？　詐欺だとしたら、今回は代金が戻ってこないかもしれない。

こんな不安に駆られるくらいなら店舗に行って買えばいいのだ。探せば販売している店もあるはずだ。しかし、もしかしたらどこかでこのスリルを味わっているのかもしれない。ならば自転車を購入するという行為ごときでスリルを味わうようなしょうもない楽しみは、今すぐにやめたい。

それからしばらくして、購入先から連絡が届き、数日後、家に自転車が送られてきた。

よし！　やってやった！　俺は自転車のネット購入で正解のサイトを引き当てたんだ

だ！　ざまぁみろ！

どこに向かって吠えているのか全くわからない。ネット購入をしようとしていたのも僕で、心配していたのも僕なのだ。全く不毛なギャンブルに身を投じてしまった。買った電動自転車は折り畳み式の小ぶりなもので、黒で無駄の無いデザインだった。僕は届いてすぐに家の前で電源を入れて乗ってみた。

乗るやいなや、電動自転車の素晴らしさを実感する。ペダルを軽く踏んだだけでも驚くほど進むのだ。

僕は初めての電動自転車に気分が高揚していた。とにかくパワーがある。漕いでも疲れることがなく、たとえ上り坂でもものともせず、サドルに座ったままでスイスイ登っていく。

パワーだ！　どこまででも行ける！　とてつもないパワーだ！　俺はパワーを手に入れた！

博士に改造されて未知の能力を手に入れたもののすぐに破滅する人造人間のように、僕は手にした電動自転車のパワーに気が大きくなっていた。そしてそのままの勢いで街に走り出したのだ。行き先は決めていない。自転車を漕ぐということが目的だった。

今まで頑張らないと出せなかったスピードに簡単に到達できる。風を切りながら快感に溺れていた。この自転車さえあればどこまでも行ける！

小学4年生の夏休みに覚える昂ぶりを30過ぎの今、感じながらしばらく走ると、隣の地区の自転車屋が見えてきた。僕はそこで、自転車の鍵を買っていないことを思い出した。丁度よく自転車屋があったものだ。

店の前に自転車を止めて店に入り、鍵売り場を探した。心なしか店員や他の客の視線が僕の新しい電動自転車に集まっているような気がしていた。

鍵売り場にはたくさんの種類の鍵があったが、僕はダイヤル式の、4桁の数字を揃えると解錠する形式の鍵を買った。4桁の数字は自分で自由に設定できるので、とりあえずの4桁を決めなくてはならない。どうしようか悩んでいると、ふと、小学生の頃の記憶が頭に浮かんだ。

親に自転車を買ってもらった時、ダイヤル式で4桁の数字を揃える鍵も一緒に買ってもらった。鍵と言っても今よりかなり安いもので、チェーンに緑の半透明なビニールが被せてあるだけの粗末なものであった。

数字も自分で設定できず、『6451』という数字だったのだが、当時朝に放送していたテレビ番組で虫のキャラクターが無数に出てくる『ヨシモトムチッ子物語』というアニメがあり、母親がその語呂合わせで「あんた、これ〝ムチッ子いい〟で覚えな」と言った。

小学生の僕は言われた通りに覚え、毎回鍵を開ける時には「ムチッ……子……いい……」と呟きながら解錠していたのだ。

店の前でそれを思い出したので、よし！〝ムチッ子いい〟だ！と心の中で叫び、番号を『６４５１』に設定した。そしてその鍵を前カゴに入れ、再び自転車に乗って走り出した。

そのまま1時間程度は走ったかもしれない。気付けば銀座にいた。今までの自分からは想像もつかない。自転車に乗って銀座にいるのだ。銀座など、目的を持って電車で行き、その目的を果たしたらすぐに帰る場所である。なんの目的もなく自転車で来てしまっていることが不思議に思えた。

行き交う金持ちそうなマダム達。僕は試運転のつもりで家を出たので、Tシャツにジャージといった家の近くのコンビニまでしか行ってはいけない服装で銀座に来てしまっていた。調子に乗りすぎたのだ。

電動自転車を漕ぐことに疲れはなかったのだが、その日は気温が高かったのでTシャツに汗が滲んでいる。僕はひとまず落ち着こうとコンビニで水を買った。自転車にまたがり、勢いよく水を飲む。

ジャージにTシャツ姿で、自転車にまたがって水を飲んでいる姿を、優雅に歩く上品な銀座のマダムに見られる恥ずかしさがあった。だが同時に、銀座にいることが日常になっているマダム達に非日常を見せつけているんだ、と思うことで、どこか興奮もしていた。

水を一気に飲み干し、空になったペットボトルをコンビニのゴミ箱に投げ入れた。思いにまかせて自転車で走り出した束の間の冒険は、Tシャツにジャージ姿のまま銀座のど真ん中で水を一気飲みすることで終止符を打った。

自分でもよくわからない満足感を得た僕は、自転車の向きを逆方向に変え、来た道を戻るためペダルを漕ごうとした。するとすぐに足に違和感を覚えた。

ずっしりと伝わる重みがある。まるでぬかるみで漕いでいるように進まない。何かがおかしい。あれだけ軽やかだったペダルが鉛のように重いのだ。

ハンドルに付いている液晶画面が目に入る。画面ではバッテリーのマークが点滅している。僕は数秒、その画面を見つめて理解した。バッテリーが切れたのだ。

銀座まで来る予定ではなかった。何もかもが行き当たりばったりで、買ったばかりの電動自転車は十分に充電されているわけもなく、こんな長距離を走行する予定もなかった。完全に準備不足である。

どうにか漕ぎ出そうとするが、足が千切れそうだ。普通の自転車の倍以上は重いだろう。こんなはずではなく、快適に帰るつもりだったのだ。〝ムチッ子いい〟などと言っていた時は良かった。

突然の絶望。調子に乗ってはいけない。それを僕に教えるようなタイミングで電動自転車のバッテリーは切れた。

結局2時間以上かけて、フィットネスバイクのようになってしまった電動自転車を漕いで帰った。帰ってすぐに自転車からバッテリーを取り外し、コンセントに差し込んで充電した。説明書によると4時間程度で充電が完了するらしい。

僕は、充電が始まってライトが点滅するバッテリーを見ながら、疲れによるずっしりとした足の重みを感じていた。しかしこのバッテリーの充電が完了したら電動自転車でまたどこかに行けるのかと思うと、疲れを差し引いても気分が高揚するのであった。

異常なゲームにハマり続けている

これを書こうか書くまいか迷ったのだが、読む人の判断に任せて書いてみようと思う。

ずっとハマっているゲームが1つある。携帯電話でダウンロードするアプリのゲームなのだが、僕はこのゲームを続けてかれこれ7年近くになる。〝続けている〟というより〝続けさせられている〟という表現のほうが正しいのかもしれない。

内容は至ってシンプルで、4×4のマスに3の倍数の数字が出てくる。数字をスライドさせ同じ数字を重ねることで数字が倍になり、倍になった数字と同じ数字を重ねてまた倍に……これを繰り返して、できるだけ大きい数字を作るパズルゲームである。

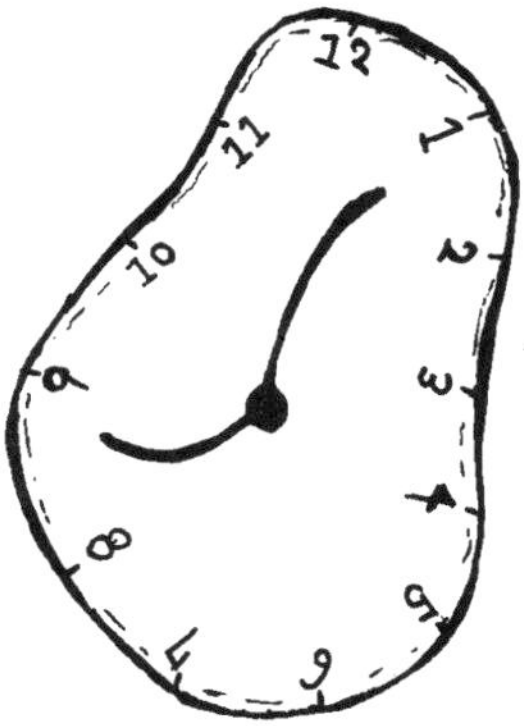

7年前、僕は知り合いに「最近ハマっているゲームがある」と、これを教わった。試しにダウンロードしてやってみると、始めたその日に初心者にしては割と大きい数字まで作ることができたのだ。

今となれば、これが良くなかった。僕はすっかり「このゲーム得意かも」と思い込んでしまい、7年間このゲームに縛り付けられることとなった。

このゲームへのハマり方は異常で、仕事の休憩時間、電車の待ち時間、寝る前と、とにかく日常で気付けばやってしまっている。

このゲームを意識さえ向けずにやっていることも多々ある。人と話していて疑問に思ったことを、その会話中に携帯で調べようとして手癖でゲームを開いてしまい、会話しながらやってしまっていることもある。

そう、このゲームの恐ろしさは、シンプルが故に頭を使わなくてもある程度できてしまうところなのだ。だからこのゲームの最中は、日常のルーティンをこなしている時のようにリラックスすることができ、どこか頭が整理されていい考えが浮かぶ気すらする。

しかし実際にはなにもかも疎かになっており、ゲームオーバーになりながら会話は聞き流している、などということになりがちだ。

さらに、このゲームの異常な部分は他にもある。更新が無いのだ。アクションゲームやRPGなどは新たなダンジョンが現れるなど、新しい要素が加わるといった飽きさせない工夫があるのだが、このゲームに新規の要素が加わることは一切ない。

ただただ3の倍数を大きくしていくという、代わり映えのしない同じゲームを7年もの間続けてしまっている。おそらくそれほどの中毒性がある。

この7年の間に僕はある噂を聞いた。3を重ねていって数字を大きくしていき、ある数字まで到達すれば、このゲームはクリアできるということだ。

そして僕はついに2年ほど前、噂の数字の1歩手前の数字まで辿り着くことができた。しかし次の数字には届かず、ゲームオーバーとなってしまった。その後も1歩手前の数字まで辿り着くことはあるのだが、次には進めない。

そんな中で僕はこのゲームの攻略法を編み出した。それは〝ゲームだと思わず真剣にやること〟だ。

ただ3の倍数を大きくしているだけなので、どこかで気が緩んだり、適当になってしまう。しかし、そうならないよう真剣にやることがクリアへの近道なのだ。

たかがゲーム如きへの向き合い方として間違っていると感じられるかもしれないが、そうしなければならない。なぜなら、人生のとてつもない時間をこのゲームに喰われてしまっているからだ。

カジノでお金を突っ込み過ぎて後戻りできなくなってしまっているのと似ている。明らかに意味も得るものも何も無いのに、3の倍数を大きくすることをやめられないのだ。

そしてわかっている、クリアした先に待っているものの正体も。それは虚無感だ。クリアすれば、何をやっていたんだろう……、なんでこんなゲームにハマってしまっていたんだろう……、という気持ちになるだろう。

だがそれでいい。そうでなければ、この3の倍数を大きくしてしまう人生からは抜け出せないのだ。

僕はこのゲームを始めた日から呪われている。いたずらに時間を捨てさせられる暗黒期をいち早く抜けなければならない。

このゲームを面白いと思っていた頃に、周りの何人かに薦めてしまった。薦められた人達は一人残らず同じ状態に陥っている。ある友人はこのゲームをやめられないあまり、携帯から削除したと言っていた。

しかし、それをしても無駄だということが僕にはわかっている。かつて僕も削除したことがあるからだ。もう二度とこのゲームをやらないつもりでいたのだが、気が付けば僕の携帯にはこのゲームが入っており、またハマってしまっていた。

あの時、このゲームを終わらせる手段はクリアしかないのだと悟った。その事実がさらに僕を絶望の底に陥れたのだった。

僕はこのゲームのコツを摑むのが早く、やっている人の中でも上手いほうだと思う。なので、この先あと数年もあればクリアできるはずだ。

それでも10年近くもの間、時間を蝕まれ続けたことになる。しかし、下手な人ならば30年は持っていかれるかもしれない。

それを理解した上で、このゲームについて調べてダウンロードするかどうかは、読む人の判断に任せてみようと思う。僕はそろそろ上がらせてもらう。

マンションの隣人は選べない

引っ越し先の家を決める時は、立地、間取り、築年数、近隣の施設など、できるだけ慎重に選ぶ。だが、隣人だけは選びようがない。

あるマンションに引っ越した時のこと、今思い出しても嫌な気分になる出来事があった。引っ越しの日、住んでいたアパートを引き払い、荷物を乗せたトラックは新しく住むマンションへと向かった。

引っ越し先は4階建ての低層マンションで、1階から3階までは1フロアにワンルームが横に3部屋並んでいる。そして4階だけ1フロアを丸ごと使った1部屋となっていた。こぢんまりとしたマンションなので、4階の部屋もそこまで広くはないのだ

が、僕は空いていた4階の部屋に入居することにした。

マンションに着いた引っ越し業者が、荷物を次々と僕の部屋へ運んでいく。僕はその様子を、リビングの邪魔にならないような場所で見守っていた。

滞りなく作業は続いていたのだが、荷物が半分ほど家に入ったとき、ふと、ゴンゴン！　と何かがぶつかるような音が響いた。周りを見ても音の原因はわからない。他の部屋にいる引っ越し業者が荷物をどこかにぶつけてしまったのだろうか。その時は大して気にしていなかった。

だが、しばらく作業が進むとまた部屋に、ゴンゴン！　という音が響いた。先程と同様、音の原因はわからない。この異音がもう一度するようなら引っ越し業者に何があったのか聞いてみよう、そう思っていると、程なくして作業が終わった。

「荷物は以上になります！　ありがとうございました！」という軽快な挨拶と共に、引っ越し業者は帰っていった。

その後、僕は積み上げられた大量の段ボールの荷解き作業に入った。しかし数箱片付け、新たに1箱を運んで中身を取り出そうとした時、また、ゴンゴン！　と部屋に響く音が聞こえてきた。

引っ越し業者はすでに帰っている。周りを見てもやはり音の原因はわからない。だが、音は下の方向から聞こえてきたような気がした。違和感を覚えながらそれでも作業を続けていると、すぐに、ゴンゴン！　という音が響いた。

今回ははっきりわかった。音は下から鳴っている。しかも、下の階である3階に3部屋並んでいる真ん中の部屋のあたりから聞こえていた。さらにその音は、僕が荷物を床に置いたり、物音を立てた直後に鳴っているようだった。

結果から言うと、この音、3階の真ん中の部屋の住人が、上の階から物音がした時に、棒のようなもので天井を、ゴンゴン！　と突いていたのだ。

引っ越し業者の作業では家具や荷物を運び入れるので、当然物音がする。しかし業者が帰った後、僕はなるべく音を立てないような配慮をしていたので、3階の真ん中の部屋の住人が神経質な性格なのだと解釈せざるを得ない。

その日は中途半端に荷解きをして作業を終えたのだが、次の日からも、床に物を落としてしまった時や、歩いていて少し足音を立ててしまった時に、ゴンゴン！　と、下の住人が天井を突いてくることが続いた。

とんでもない家に引っ越してきてしまった。内見の時には気付けない、全くの盲点であった。ある日は、僕の歩いた後を追い回すように突いてくることもあり、恐怖を覚えた。

そんなこともあり、僕は引っ越してから少しの間、この横に長い部屋の、真ん中の辺りはあまり使わないように過ごしていた。3階の真ん中の部屋の上を避け、生活スペースを左右に分けていたのだ。

それから2週間が経ち、台所のちょっとした修復作業のために家に業者が来た。戸棚のパネルの取り替えだったのだが、その作業へは大家のおばさんも立ち会いに来た。業者がしばらく作業をしていると、また下から、ゴンゴン！　と突く音がした。おそらく作業音がうるさかったのだろう。しかし僕はここで、しめた！　と思ったのだ。

僕はすかさず横にいた大家さんに、「大家さん、今の音聞きました？　引っ越し初日からずっと、下の住人が事あるごとに何かで天井を突いてくるんです。引っ越し作業の時は目を瞑《つむ》っていたんですけど、最近生活音程度でもやってくるようになったんです」と言った。まさに現行犯逮捕の瞬間である。

すると大家さんは「あー……」と困ったような顔をした。そして「実は……前の住人が出ていった後、私がこの部屋を掃除してる時も、同じように下から何かで突いてくる音がしてたのよ」と答えたのだ。

じゃあ僕が入る前に言っとけよ！　問題のある隣人のことは入居する前に言わないとだめだろ！　と、思ったのだが、僕は、この場では大家さんの心証を良くしておいたほうが、この戦いの主導権を握れると瞬間的に判断した。

グッと堪《こら》え「そうなんですか、大変でしたね。でもこのままだと僕も生活しにくいんですよねぇ……どうしたらいいですかね……?」と、下の住人に困り果てている人物を演じた。

その姿を見た大家さんは「んー、わかった。なら今から下の部屋に行って話してくるわね」と言い、僕は「そうですよね」と返す。そして僕の家を出て下の階へ行った大家さんは、15分ほどで戻ってきた。

「話してきた」と言う大家さんに様子を聞くと、下の住人は年齢が20代後半のサラリーマンの男で、近頃仕事で在宅作業が多くなり、家でのストレスが溜まって少しの物音でも気になるようになってしまい、上の階から物音がするたびに腹を立てて箒の柄の部分で天井を突いていたのだという。

理由はわかったが、同情できる理由でもない。それどころか、どんな背景があろうが、こちらとしては知らない住人のストレスの捌け口になってあげることに何の得もないので、即刻止めてもらいたい。

大家さんは「でも、もう止めるように言ったから大丈夫だと思う」と言うのだが、話し合いをその場で聞いていないのでどうにも信用できなかった。なので僕は「ありがとうございます。でも、もし……今後一度でも同じことが起こったらどうします？」と聞いた。

するとの大家さんは「じゃー、その時はすぐ私に電話して」と言った。「わかりました。助かります」と答えると、大家さんは帰っていった。

それから1ヶ月も経っていないある日。何事もなくなったかと思えるようになった矢先の出来事である。ゴミ箱のゴミ袋を交換している時に、下から、ゴンゴン！と、突く音がしたのだ。

僕は下の住人が突いたことを確信したと同時に、大家さんに電話をかけた。そして「やりました。下の住人がまた棒で天井を突いてます」と報告した。

電話口の大家さんが「わかった。ちょっと待っててね」と言ったので電話を切ると、しばらくして大家さんからかかってきた。電話に出ると、大家さんは「今、3階の住人と電話で話をつけたんだけど、もう注意しても変わらないから、マンションの中で空いている1階の部屋に移ってもらうことにしたわ」と言った。

どういう対応になるのかと思っていたが、僕への被害は収まりそうなので納得できた。そして、その2日後には、3階の住人は1階の部屋に引っ越していったのだった。その後は下の住人による被害もなくなり、僕は平穏を得た。

何週間かが経った頃、家に帰ってきた時に、マンションの周りを掃除している大家さんを見かけた。僕は「こんにちは～」と挨拶をし、世間話程度に「前、僕の部屋の下に住んでたあの住人、どうなりました？」と聞いてみた。

すると大家さんは「変わらず1階に住んでるんだけど……」と話し始め、その後苦い顔で「実は、またやっちゃってるみたいなのよ」と言った。

やはりそういう人間は変わらない。箒の柄で天井を突く。そんな頭のおかしい行動に出てしまう人間に常識を教えても、効き目はないのだ。

しかしそれを聞いた2日後の夜、マンションで大変なことが起きた。夜の12時を過ぎた時のことである。

リビングでテレビを観ていると、外からドッドッという重低音が聞こえ出した。鳴り止まないので玄関を出てみると、ダンスミュージックのような激しめの曲がどこからともなく聞こえる。

音の出どころを探ると、どうやら、天井を突いていた男の部屋の上の部屋から響いているようだった。その部屋の住人は若い男らしいのだが、友達を男女数人呼び、大音量でかけた曲に乗って大騒ぎしていた。

僕は、この2階の住人はキレてしまったんだと思った。1階の住人が神経質になって日常的に箒で天井を突いており、友達を呼んだ日にもそれが頻繁に起こったので、ついにキレてこの真夜中の乱を起こしたのだと。

2階のその部屋の辺りまで行ってみたが、大音量の曲と男女の騒ぎ声が、集合住宅とは思えないほど騒がしい。その時僕は、この騒がしい住人に対して苛立ちは感じていなかった。

むしろ逆に、いけーーー！！！　と、騒がしい男女を焚きつける感情が抑えきれなかったのだ。元々1階の住人には恨みがあるのだ。2階の住人の大騒ぎに興奮していた。

もっと騒げーーー！　やっちまえーーーー！　僕や他の住人のことは気にするなーーー！！！　と心の中で叫びながら自分の部屋に戻った。その真夜中の乱は5時くらいまで続いたが、長くなれば長くなるほど僕の気持ちは高ぶっていったのである。

次の日の朝、昨夜の興奮も冷めやらぬ中、仕事に行こうとマンションを出た。その時、ふと1階のサラリーマンの部屋の窓を見ると、無残にもそこに掛かっているカーテンが滅茶苦茶に破られていた。僕はその光景に、2階の住人の勝利と、1階の住人の破滅を感じたのだった。

そして間もなく、1階のサラリーマンはこのマンションを出た。それから2階の住人が夜中に騒ぐことは二度となかった。

引っ越す時に隣人は選べない。同じマンションに住んでいたサラリーマンの記憶は僕の中で嫌な思い出として残っているが、引っ越して1ヶ月半程度で平穏な暮らしを手に入れたというのは、もしかしたら幸せなことなのかもしれない。

遅刻時の完璧な過ごしかた

今日は愛知県の三河《みかわ》安城《あんじょう》駅に行く新幹線に10時に乗るはずだった。しかし目を覚ましてみると時計はもう10時40分を回っていた。完全な遅刻である。

仕事での遅刻は滅多にしないのだ。ましてや地方に行く新幹線に乗り遅れたことなど、記憶を辿ってもない。

決して昨日の夜に夜更かししていたということもなく、割と早く寝たはずであった。泥酔してそのまま寝た訳でもない。目覚ましアラームのかけ忘れや、アラームをセットした携帯電話の故障でもない。起きてから、もう少し寝られるかな、と思って寝てしまい、気付けば寝坊という王道の二度寝をしたのでもない。

理由としては、朝アラームが鳴って一度起きたのだが、その時に自分が今なぜアラ

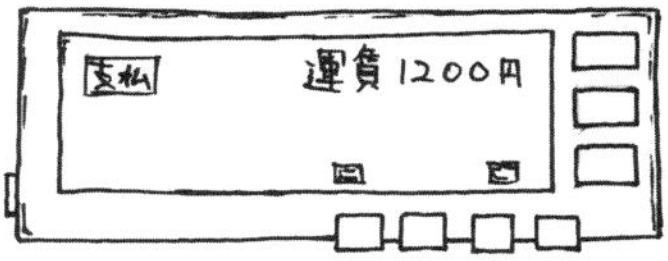

ームで起こされているのか、何の予定があってこの時間に起きているのかが思い出せず、もう一度寝てしまったのだ。寝起きで頭が回っていなかったのかもしれない。

少し苛つきながらアラームを消したような記憶だけが微かに残っている。こういう二度寝はたまにあり、自分でも変な寝坊の仕方だと思っている。

目が覚めて寝坊に気付いた時、飛び起きてバタバタ準備したりなどしない。まずは布団の中でどう準備してどう向かうのが効率が良いかを考えるのだ。

もし側で見ていたら、遅刻しているのだからすぐに起きて準備すべきと思ってしまいがちなのだが、これは経験則で、バタバタ準備しても頭が回らず準備の中に無駄が多くなる。効率が良い動き方を考えてから起き上がったほうが、準備にかかる時間が少ないのだ。

布団の中で駅に向かうまでの一連の動きを1分程度で考えた僕は、起きて即刻浴室に行った。一瞬でシャワーを浴びて出る。サッとバスタオルで体を拭き、ドライヤーで髪を乾かすと、クローゼットからシャワーを浴びている間に考えていた服を手に取って着た。そして髪を乾かしている間に考えておいた荷物をバッグにまとめて家を出た。

目が覚めてから10分弱。考えずに布団から飛び出していたら15分くらいはかかっていただろう。無駄のない準備であった。ただしそもそも寝坊しているので誉められたものではない。

ちなみにシャワーなど浴びずに早く家を出たほうがいいと思うかもしれないが、寝起きのベタついた髪と体で仕事をしていると、一日中遅刻を引きずることになりうまくいかないので、気持ちを切り替えられるという意味でシャワーは浴びたほうがいいのだ。

家の前でタクシーを捕まえる。家の前は車通りがそこそこあり、タクシーも捕まりやすい。事前にタクシーを呼んでおくと、何かの手違いで待たされる可能性があるので、道で捕まえる方法を選択した。

すぐに空車のタクシーが来たので止めて乗り、新幹線の駅を伝えると走り出した。タクシーの中で新幹線の発車時間と到着時間を調べた後、遅刻の旨と到着時間を仕事先に伝える。

そうしている間にタクシーは駅に着いた。料金を支払い、駅に行き、新幹線の発車時刻まで7分程あったので、駅のコンビニでコーヒーとヨーグルトを買った。

遅刻しておいて余裕があるように思える行動だが、この新幹線は7分後に発車することが決まっており、早めることはできないので、人生においてこの7分を僕がどう使おうが自由である。

もし何かできることがあるとすれば、駅で詫びの品でも買うくらいだろうか。しかしそんなものを渡せば「こんなもの買ってる暇があるなら早く来い！」と言われかねない。

いくら僕が「あの7分は縮めることができなかったので、反省の意を込めてお詫びの品を買う時間に充てたんです！」と言おうが、聞いてはもらえない上に、何をごちゃごちゃ言ってるんだ、と火に油を注ぐことにもなり得る。

ホームに行き、到着した新幹線に乗って席に座ると、程なくして発車した。僕はゆっくりとリクライニングシートを倒して、窓の外の景色を見ながらコーヒーで一息ついた。

まるで余裕のある一人旅行だ。これが目的地まで電車に乗る場合の遅刻の悲しいところで、一度乗り物に乗ってしまうと、降りるまでは1分1秒も急ぐことができない。なので、この時間もどう使おうと僕の自由である。

窓に付いているカーテンを閉めて座席の上に正座をして神妙な顔をしながら飲まず食わずでいようと、仕事先の人に伝わる訳でもない。「新幹線に乗っている間、反省の意を込めて正座をし、景色を楽しまず、何も口にしませんでした！」と報告しても、そんなことで禊《みそぎ》になるとでも思っているのか、と怒らせる火種になるだろう。

しばらく景色を楽しみながらコーヒーを飲んだ後にヨーグルトを食べていると、静岡県の三島駅に着いた。実は新幹線の時間を変更してしまったので、この三島駅での乗り換えが発生していたのだ。

僕は一度新幹線を降り、同じホームに来る鈍行の新幹線を待つこととなった。しかし、この鈍行の新幹線の到着までが思ったよりも長く、25分程ホームで待たなくてはならなかった。その時間帯は三島駅で下車する人は殆どおらず、降りて鈍行を待つ人と言えば、僕の他には居なかった。

僕はとりあえずホームにあった売店に行ってみた。その売店は地元で作られた菓子など、種類が割と充実していた。

なんとなくふわーっと商品全体に目を通した後、大きめのみたらし団子と三島で作られたカヌレ、お茶を購入した。そして自分以外誰も居ないホームのベンチに座った。

その日は梅雨時期にしては珍しく晴れ、気温もちょうど良かった。三島という土地の、山々に囲まれたのどかな景色が広がっており、心地良く風の音がしている。僕は景色を見ながら、パックからみたらし団子を取り、一口食べた。そしてお茶を開けてコクリと飲んだ。

つかの間の澄んだ時間であった。今まさに自分が遅刻していることなど忘れるくらいに心が穏やかになった。このまま三島に心が持っていかれていたら、今まで積み上げてきた仕事と引き換えに改札を出て、三島旅行に切り替えるところだった。

ベンチに座り、この後行う仕事先への謝罪のことなど考えないようにしながら団子を食べる十数分は僕に、今度休みがあったら三島に遊びに来よう、と思わせた。

しばらくして鈍行の新幹線が到着した。素晴らしく充実した乗り換えであった。僕は新幹線に乗り込んだ。我ながらよく気持ちを切り替えて乗れたと思う。三島の誘惑を振り払い、謝罪へ向かう新幹線に乗れたことは、この後会う仕事先の人たちにも褒めてもらいたいものだ。

そして鈍行の新幹線の座席で離れゆく窓の外の三島に思いを馳せながら、三島のカヌレを食べて目的地へ向かった。到着した三河安城駅からは再びタクシーに乗り、速やかに仕事先に到着した。

僕は旅行気分を捨て去り、タクシーを降りて仕事先の人達に第一声「すいませんでした！」と、声を張りぎみに謝罪するのだった。

いまのところ続いている趣味について

趣味になりそうな何かを、趣味と言えるまで継続して行うのは非常に難しい。スポーツや習い事など、初めてやってみたら楽しかった、という感想を抱くのは簡単だ。しかし、本当にその体験の全てを楽しいと思っているかどうかは、時間が経たないとわからない。2回目をやろうという時、初回の楽しかった気持ちが、2回目のために腰を上げる辛さに勝っているかどうかで明らかになる。

新しく何かを始める時、特に初回は、かなりの体力を使うであろう。なので大抵は、折角重い腰を上げたのだから良いところに目を向けてポジティブな感想を抱き、この体験は良いものだったことにしよう、という考えが働く。

ネガティブな感想を抱いてしまっては、使った体力と時間が不毛だったことになり

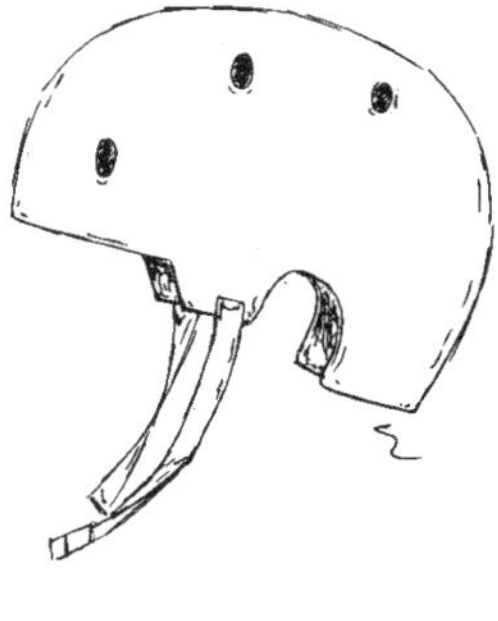

かねない。できるだけ得をしたと思いたいのだ。

だから2回目が突きつけられた時、僕らは初めて初回のマイナス面に目をやる。楽しかった点と、労力や費用やその場の人間関係から生まれる懸念点、この2つを天秤にかけるのだ。

その場合、楽しさが本当に勝つことは残念ながら多くはない。もし楽しさが勝ち、2回目に進んだとしても、3回目、4回目……と続くと新鮮さが薄れ、そこで上手くなるための壁にぶち当たったりなどしたら、楽しさのほうの皿は軽くなり、逆の皿にはさらにネガティブな感情が上乗せされるのである。

続けて行けば表面上だけでなく芯の楽しい部分を知ったり、壁にぶち当たってもそれを乗り越える楽しさもあるのだが、そこにはまだ気付けない。こうして『続けない』側に傾いてしまうことが非常に多いのである。

僕には今、半年続いているスポーツがある。インラインスケートというものだ。靴底にタイヤが縦に4つ付いたシューズを履いて、地面を滑るスポーツである。月に3、4回は滑りに行き、半年続けている。これは立派な趣味と言っていいのではないだろうか。

最初は、ふとアイススケートを滑ってみたいと思ったのがきっかけだ。小学生の頃、冬に家の近くの市民プールで、流れるプールの水を凍らせたスケートリンクでのアイススケート体験が催されており、父親に連れられて行ったことがある。ガニ股や後ろ向きでなめらかに滑る父親がカッコよく見え、氷上を滑ることに憧れた。しかしアイススケートをしたのは、その一度きりだった。

半年前にその時の父親のことを思い出し、またやりたいと思ったのだが、近場にスケートリンクは無かった。そんな距離感で始めると趣味として続かないことを察した僕は、どこでも滑ることのできるインラインスケートに手を出すことにしたのだ。

さらに追い風として、友達にインラインスケートの元世界チャンピオンがいたのである。僕より6つ程年上の40代の男の人で、元々友達の友達だったのだが、よく食事をしたり飲みに行ったりしていて仲良くなった。

元世界チャンピオンというのは知っていたのだが、普通に遊ぶ上でそんな肩書きは必要ないので気に留めておらず、インラインスケートをやろうと決めた時に改めてそれを思い出した。その友達に連絡し、シューズやサポーターなど用意するものを教えてもらって一通り買うと、早速、一緒にスケート場に行くことになった。

都内の外れにあるスケート場で、着いてすぐに買いたてのインラインスケートを履いて滑ってみると、立って前に進む程度の動きはできた。筋がいいと誉められたが、方向転換のコントロールが難しく、その後は何度も転ぶこととなった。

初日の練習は3時間に及んだ。スケート自体はかなり楽しく、1日で上達も感じられた。しかし僕は、サポーターを付けていても腕や腰にできてしまった擦り傷と筋肉の痛みで、ヘトヘトであった。

家に帰り、汗を流そうと風呂に入ると、お湯が擦り傷に染みる。腕や腰の擦り傷の痛みを我慢しながら風呂に入る。

成人になってからこの感覚を味わったことがあるだろうか。大人が、転んでできた擦り傷の痛みで「いっっっつぅ〜〜〜!!」などと言いながら風呂に入るのである。多少は情けなくもなった。

だが、それが良かった。風呂から出て、ジワッと血の染み出す傷口を消毒し、絆創膏を貼る。腕と腰に常に感じる一定の痛み。それが良い。

僕らは普段、何となく生きてしまい、新鮮味のないことを繰り返して、ぼやっとした日常を送ってしまう。そこに擦り傷が入ると、ぼやっとしている意識を痛みで覚ましてくれるのだ。

頭痛や腹痛といった内科的な痛みではなく、擦り傷という外科的な痛みは、何かを頑張った証しにも思え、気持ちよささえ感じてしまう。大人の日常に足りないもの、それは擦り傷だったのだ。

そして数日後、ついに選択を迫られる。スケートは楽しかった。スケート場までは車で20分といった絶妙な距離、しかし、初回の疲労度はかなりのものだ。これらを踏まえて、2回目のスケートに行くかどうか。

僕は、迷わず行くことを選んだ。理由は、傷の気持ちよさもあるが、元世界チャンピオンの教え方がかなり上手かったのだと思う。

初心者が躓《つまず》きやすい点をちゃんと理解しており、僕が何ができていないかの言語化が適切で、それを乗り越える練習の方法をいくつも持っている。今まで幾度となく初心者に教えてきたこともあるようで、手慣れているのだ。

さらに事あるごとに上達している部分を誉め、俺向いてるかも！　という気分にさせてくれるのである。我流ではそうはいかない。

友達の元世界チャンピオンが教えてくれている。考えれば、これほど恵まれている環境はない。続けない手はなかった。

それから半年、元世界チャンピオンの友達と一緒に練習する日もあれば、自主練習に励む日もあった。それほどのめり込んでいた。

ある日の夕方、東京と埼玉の境目辺りにある、港に建てられているような大倉庫の中を、インラインスケートやスケートボードができる施設に改造したスケートパークに出向いた。着くとパークの中はかなり賑わっている。平日の夕方、母親に付き添われた子供が多い。

最近スケボーを子供に習わせる親が多いというのは聞いたことがある。小学校低学年から高学年、さらには小学校にまだ上がっていない子供まで、そこそこスケボーを乗りこなしている。

そういう子供を見る度に、自分がこの年で始めるのはもう手遅れなんじゃないか、という気持ちになる。しかし、プロを目指すわけではないから大丈夫、と気持ちをポジティブな方向へ持っていった。

スケートパークでは基本的に、インラインスケートとスケートボードは同じ場所で練習する。お互いタイミングを見計らって、ぶつからないように滑り出すのだ。

正直、僕はスケートパークへは数えるほどしか行ったことがない。いつもスケート可能な平らな地面のある公園で練習していた。なのでスケートパークで堂々と滑り、行き交う子供たちを見て少し気圧《けお》されていた。

人にぶつからないように注意を払いながら練習していると、スケボーで滑っていた3、4歳の女の子が目に入った。その子は子育てに厳しそうな雰囲気が出ている母親に見守られながら、スケボーの練習をしていた。

高さ150センチメートル程の坂を上からスケボーで滑り、ジャンプして着地する。挑戦しては失敗し、結構な高さからスケートボードごと体が地面に叩きつけられていた。それを母親は冷ややかに見守っている。

何度も地面に叩きつけられては、泣きながらまた坂を登っていく女の子。楽しいスケートパークとは裏腹に、異様な光景に見えた。

そんな親子を横目に僕もスケートを練習しようと坂の上に登った。すると、先ほどの女の子が半ベソをかきながら坂を登ってきた。3、4歳で泣きながらも成功するまで挑戦しようという気迫がすごい。

僕は、とりあえず今はその子を見守ろうと、その子に目を向けていた。すると、その女の子もこちらを見た。目を潤ませながら少し険しい顔で僕のほうを見ている。

何かを訴えてきているのか。もしかして「もうやめたい」と思っているが自分では母親に言い出せない苦しみで、僕に助けを求めてきているのか。ほんの1、2秒のうちに頭の中を色んな考えが過《よ》ぎった。

しかし次の瞬間、その女の子は右手で手刀を作り、指先をこちらに向けてその手でホコリを払うような動作をした。要するに「どけ!」という意味のジェスチャーだ。

僕は察した。女の子が滑るルートに立ってしまっていたのだ。スケートパークでは、スケートやスケボーが滑る動線に止まっていてはいけないルールがある。よく知りもせず、僕はその子に対して上から見守る姿勢で道を塞いでいた。

僕はヘラヘラしながら誰の邪魔にもならないような壁側にすぐさま移動した。移動しながらも、恥ずかしくて仕方がなかった。30代半ばの男が3、4歳の女の子に怒られたのだ。

子供は無慈悲である。「そこ邪魔なんだよ。どけよ素人のおっさん」と言わんばかりの表情をしていた。指先で軽くあしらわれ、僕の中で何かが折れたような気がした。その後、女の子のジャンプが成功したのかどうかはわからない。気が付けば、いつもより早めに練習を切り上げてスケートパークを出ていた。

何かを継続して半年やるのは難しい。だが僕は続けた。しかしその半年続けたという自信の柱が、ある時思わぬところで一瞬にして折られるかもしれないという恐怖を感じたのだった。

今のところインラインスケートはまだ楽しい。おそらく今後も継続してやれそうな気はしている。

欲望に素直過ぎる同期に振り回される

仕事帰り。駅から歩いていて、ふと目をやった細い路地に見慣れない店を見つけた。すっきりとしていながら小洒落た店構え、白地に黒文字で店名の書かれた立て看板。近付いてみると、どうやら最近できたらしい焼肉屋だった。

入口のドアのガラスから中を覗くと、席はほぼ埋まっており、なかなかの繁盛ぶりが窺える。食には興味の無いほうなのだが、偶然見つけたその焼肉屋が気になった。ネットで検索すればすぐに出てくるのだろうが、出会い方が〝まだネットに載っていない路地裏の店〟のように感じられて、行ってみたくなったのだ。

家に帰ってネットで検索すると、一瞬で店の情報は出てきた。しかしかなり人気店のようで、２週間後くらいまで予約は埋まっていた。それ以降の予約を取ってみよう

と思ったのだが、1人で焼肉屋に入る勇気がない。

今や1人で焼肉屋に入ることなど恥ずかしい行為でないのはわかる。しかし焼肉屋に限らず、僕は1人で飲食店に行くことがほとんどないのだ。

基本的にお腹を満たせればなんでもいいと思っているので、飲食店に行くよりスーパーやコンビニで適当なものを買って済ませることのほうが多い。今回も焼肉を食べたいわけではないのだが、その店には行ってみたいのだ。

そこで、焼肉が好きそうな、仕事で仲の良い同期の男に連絡することにした。日程の候補をいくつか出し、焼肉屋に誘ってみると「いいよー」と乗ってきた。

早速店に電話し、日時を伝えると、店員から「～日～時に予約ですね、受け付けました。ただしキャンセルは前々日まで、それ以降になるとキャンセル料を頂戴します。それから当日は予約の時間までには絶対に来ていただくよう、お願いします」と強めの口調で返された。

結構、釘を刺してくる店だな、率直にそう思った。まだこちらには予約をすっぽかした前科も無いのに、初犯の前からかなり警戒されている。

客全体を1つの人格と捉えて、その1人が犯した前科に対して圧をかけてきている印象で、枕詞に「お客さんはすぐ予約を軽んじますから～」と付いているように感じる。

だが、それも単純に予約の時間に行けば良い話である。僕は予約を取り付け、同期の男に連絡を入れて当日を待った。

当日、その日は仕事が昼過ぎには終わる予定であった。朝、約束していた同期の男に会ったので話しかけようとすると、向こうから「今日、音楽ライブあるんだけど行く？」と声をかけてきたのだ。

その内容が一体何のことかわからなかったので聞き返すと「好きなアーティストの音楽ライブが今日あるんだよ！　行こうと思ってチケット取ったんだけど、2枚あるから行く？」と言う。

何かがおかしい。「それ何時から？」と疑念を持ちながら聞くと「17時から！」と軽快に返してきた。

夜は焼肉屋に行く予定のはずである。まさかと思い「夜、前言ってた焼肉屋の予約あるけど」と告げた途端、同期の男は「あっ！」と顔色を変えた。焼肉屋に行く予定を忘れ、音楽ライブと被らせてしまっていたのだ。

しかし同期の男はものの数秒で、あっけらかんとした表情に戻り「あ、まぁでも、ライブ行ってから焼肉屋行けば大丈夫か！」と言い放った。

とてつもない切り替えの速さである。確かにライブに行ってからでも、ギリギリ間に合わなくはなさそうな時間だ。

しかし相手はあの厳しそうな焼肉屋で、1分1秒も遅れることはできない。それを伝えたが「いや、行ける！」と、根拠のない自信を振りまいている。なんとも無責任だ。さらには「一緒にライブ行こう！」と、しきりに僕を誘ってくる。

図太すぎる神経に驚きつつも、その表情に、ライブに行くことは諦めそうにないと感じ、これは逆に僕もライブに付いて行って、終演後ダラダラさせず、テキパキ移動させたほうが間に合うんじゃないか、という考えに至った。

チケットを受け取り、仕事を終え、僕は一旦帰宅してからライブに行くことにした。帰り際、まだ仕事のあるらしい同期の男に「ライブ会場まで何で行くの？」と聞いた。すると「車で行く！」と答える。

ライブ終了から焼肉屋の予約までの時間は短く、そのうえ道の混みそうな時間帯なので車移動は危ない。そう思い「時間ギリギリだし、車は時間が読めないから電車で来なよ」と言った。

同期の男は「オッケー」と返事をした。しかし、僕はこの「オッケー」をどこか信用しきれなかった。

帰宅し、ライブの時間に間に合うように家を出て、電車を乗り継ぎ、開演30分前には会場に着いた。5000人程入るホールで、会場の外は人で溢《あふ》れている。

同期の男は着いているだろうか、と思い、電話をかけてみる。「はい！」と軽快に出たので「今どこ？」と聞いた。その問いに同期の男は「ちょっと電車じゃ間に合わなそうだったから車で向かってる！」と答えた。

やりやがった。そんな予感はしていた。信用しきれなかった理由はこれだ。

あの時の「オッケー」は妙に軽かった。おそらく、これ以上車で行くと言うとうるさそうだから、今は一旦受け入れといて車で行っちゃえばいいや、という魂胆で発した「オッケー」だったのだろう。

「ちょっと電車じゃ間に合わなそうだったから」などという言い訳は嘘に違いない。そもそも、焼肉屋の予定が先に入っていたのだから、ライブに多少遅れてしまっても電車で来るのが正しいはずで、絶対に車で来るべきではない。

この同期の男は欲望に素直なのだ。とにかくできるだけ自分のしたいようにしたい性格だということを思い出した。

僕は「車で来ちゃってんじゃん」と返した。本来なら怒っていいところかもしれないが、ライブや焼肉屋に行く前に雰囲気が悪くなることを嫌い、怒りを最小限に抑えた、「車で来ちゃってんじゃん」くらいで済ませたのだ。

しばらくして駐車場に車を置いた同期の男がヘラヘラしながら歩いて来たので、腹が立ちつつも一緒に会場に入った。あまり曲を知らないアーティストのライブだったが、それなりに楽しめて、時間通りに終演を迎えた。

僕は終演直後に、名残惜しそうに席に座る同期の男を立たせ、パッパと会場を出た。そしてそのまま車を停めているという、近くにある大きめの駐車場に向かった。

駐車場に着くと、途端に同期の男がキョロキョロし始める。様子を見ていると「車停めた場所わからなくなった！」と言った。

迷惑な男である。車で来てしまった負い目を感じているなら、少しでも早く焼肉屋に到着できるような心づもりをしておくものではないのか。多分ライブにまっしぐらになっていたのだろう。

結局駐車場を一周探し回ってようやく車を見つけ、乗り込んだ。焼肉屋までの道を車のナビで検索すると、どうにか間に合う時間であった。

ホッとした僕は助手席に座りながら「焼肉食べたらお酒も飲むだろうし、帰りの運転は代行に頼むしかないな」と呟いた。すると運転している同期の男が「いや、車は家に置いてから店に行こうと思う！」と言う。

は？　ずっと何言ってんのコイツ？　眉間に皺を寄せてしまう。「いや、そんなこととしてたら予約時間に間に合わないよ」と強めに返すが、同期の男は「いや、代行は使ったことがないから車を置いてから行く！」と聞かない。

欲望に素直なのもいい加減にしてほしい。欲望を満たすためなら人の迷惑も顧みないらしく、その上頑固だ。この場合、予約をしたのは僕なので、連れのせいで遅れても店に責任を問われるのは僕である。だから良いだろう、と思っているのか、遅れられないという危機感がこの男にはまるでないのだ。

とんでもない人間を焼肉に誘ってしまった。その後も何度か直接店に行くように促したが、聞き入れようとはしなかった。

仕方なく同期の男の家に車を置き、タクシーで焼肉屋に向かった。結局10分遅れの入店となってしまった。店員に予約名を伝えたが、幸い遅刻を咎《とが》められることはなかった。

しかし「～時に予約されたお客様ですね？」としっかり予約時間を声に出されたことで、どこか咎められているような気がしたのだった。

食事が始まると、自分の欲望を優先し僕との予定を蔑《ないがし》ろにしたこの同期の男は、運ばれてくる肉を焼いては美味しそうに食べ、レモンサワーを飲み、「プハーッ！」と満足そうな息を吐いていた。

僕はその様子を見ながら、今度もし大人数の飲み会などがあったら、幹事はどうにかしてコイツにやらせよう、と決めたのだった。

ハードな鍼《はり》治療からの生還

割と体の調子が悪くても放って置いてしまう。大体の体調不良は根性で治る、と思っているところが未だにある。葛根湯が万能薬で、根性で抑えきれない不調は葛根湯さえ飲めば完全回復すると信じている。

だが、それで失敗することもある。高校生の頃に自転車で転んで足首が少し抉《えぐ》れたのだが、治る治る、と思い、絆創膏を貼って自然治癒に任せていたら1週間後には足首の皮膚が壊死してしまい、軽い手術をする羽目になった。

そういう場合、すぐに病院で適切な処置をしてもらうべきなのはわかっているのだが、気持ちを病院に向かわせてしまうと、その気持ちで食い止めていた症状が悪化するような気がしてならないのだ。

1ヶ月ほど前から首に違和感を覚えていた。3週間も放置している間、その違和感は確実な痛みとなって僕を悩ませるようになった。流行りのストレートネックというやつかもしれないし、使っている枕が合っていないのかもしれないが、原因を探る訳でもなく、時間が解決してくれると踏んで痛みに耐えながら、もうしばらく過ごしていた。しかし痛みは一向に治まらず、葛根湯を飲んでも効果は感じられない。

この痛みを親しい友達に相談してみると、「鍼がいいよ。首の痛みなんて鍼灸院行ったらすぐ治るから」と教えられた。ものは試しと、友達が行ったことのある鍼灸院を教えてもらい、電話をかけて3日後に予約を入れた。

僕は鍼灸院に行くのが初めてで、体に鍼を刺されるということ以外の知識が無いので、予約の日が近づくにつれて少しずつ怖くなってきていた。当たり前だが、体に鍼を刺すのは痛くないのか？　という不安が拭いきれない。

予約日の前日、職場で会った人に鍼治療に行くという話をしてみた。その人は鍼治療の経験者で、不安がっている僕を見て「いや、全然痛くないよ。むしろ刺された場所の周辺が徐々に温かくなってきて気持ちいいから」と、鼻で笑いながら答えた。

どうやら鍼治療に恐怖する人の気持ちは、とうの昔に忘れてしまっているらしい。しかし、嘲笑《わら》われたことで僕の不安もどこか和らぎ、鍼治療へ行く決意が固まった。

当日、午前中に鍼灸院がある住所までやってきた。着いた場所はマンションで、中の一室を使って施術をやっているらしい。住所の階までエレベーターで上がると、その階の扉の1つに小さく鍼灸院の名前の張り紙があった。

しっかりとした店舗を構えていて、ガラス張りで外から受付が見えるような作りであれば安心できるが、マンションの一室でひっそりと人知れず鍼を刺されるような状況を想像すると、扉の前で昨日払拭した不安が蘇ってきた。

予約時間が迫っていることに背中を押され、恐る恐る扉を開けてみる。その先はワンルームで、真ん中に施術用のベッドと、奥に40代くらいの鍼灸師と見られる女性がおり「こんにちはー」と、こちらに向かって会釈した。「どうも」と会釈を返して予約名を告げると、入口付近のソファーに案内され、鍼灸師が机の上の問診票を書くように促した。

言われた通り問診票を記入する。設置されたスピーカーから穏やかなボサノバが流れており、そこだけはリラックスできそうな空間を演出している。書いている途中で鍼灸師が「鍼、初めてですか？」と尋ねてきたので「初めてです」と答えた。

すると鍼灸師は少し強めの口調で「うちの鍼、普通の鍼と違って何本も刺すんですけど、大丈夫ですかー？」と言ってきたのだ。

何本も⁉　どれだけ刺してもせいぜい20本前後じゃないのか⁉　と、焦りつつも「何本くらいなんですか？」と聞き返す。鍼灸師は「あー、大体100本くらいですね」と答えた。

ひゃ、100本⁉　どうなってるんだ⁉　イメージしていた鍼治療ではない！　というか100本も刺されたら人の体はどうなっちゃうんだ⁉

混乱しつつも、怯《ひる》んでいる態度を鍼灸師に見せるのは恥ずかしい、という思考が働き「そうなんですねー。大丈夫っす大丈夫っす」と、あたかも想定内だったかのような返事をしたのだった。

鍼灸師は、そんなことも見透かしているかのような調子で「了解ですー。問診票預かりますね」と書いた問診票を手に取り読み始める。その後、症状のことをいくつか聞いて「じゃー、上半身の服脱いで、ベッドにうつ伏せで寝てください」と僕を案内した。

言われるがままにベッドに横になると「早速刺していきますねー」と施術がはじまった。首の痛みには、やはり首に鍼を刺していくようで、うなじの真ん中あたりに鍼を当て、指で軽くトントンと叩いて刺す。続いて次の鍼を手に取り、最初に刺した鍼の近くに当て、指で軽くトントンと叩いて刺していく。そして新しい鍼をまた首に当て、トントンと叩いて刺した。

その時、僕は3本の鍼が刺さっているのをはっきりと首で感じながら思った。普通に痛てぇー……。

普通に痛いのだ。前日に全然痛くないと言われていた鍼治療のはずが、3本刺された時点で3本とも刺される時にしっかり痛みを感じていた。鍼で刺されるザクッとした痛みもあれば、刺された後の鍼治療特有のような鈍痛も堪《たま》らなく痛い。刺される度にビクッとなってしまい、足の指を握り締めて必死に耐える。

ちょっと待て、これが後100本近く続くのか⁉ 4本目の鍼の痛みに耐えながら、僕はそれに気付いて絶望した。なんて鍼灸院に来てしまったのだ。そんな後悔も虚しく、首に鍼がどんどん刺されていく。

恐ろしいのが、刺された鍼の痛みに耐え切る前に次の鍼が刺されてしまうことで、次の鍼への覚悟が出来上がらない状態で刺され、心が折られていくのだ。前の痛みが少しずつ残ったままどんどん上乗せされ、忍耐のグラスから水が溢《あふ》れそうになる。室内に流れている癒しのボサノバなど耳にも入らず、頭の中ではデスメタルが流れているようだった。

しばらく刺され続け、いよいよ何本くらい刺したのかさえ数えられなくなり、首に相当数の鍼がジャラジャラと刺さっている感触を得た時、鍼灸師が「これで半分ですねー」と言った。

もう50本も首に鍼が刺さっているのか。もはや治療なのかさえわからなくなってくる。え⁉　というより、さらにこれと同じ量刺すの⁉　と、未だ折り返し地点だという恐ろしさに気付いてしまう。

そうこうしている内に、鍼灸師から驚きの「ここから刺し方変えていきますねー」という一言が飛び出た。

刺し方を変える⁉　まだ何かあるのか⁉　と思ったのも束の間、鍼灸師は今まで指でトントンと叩いて刺していた鍼を、トントントンと一突き多く刺し込み、そのまま刺さっている鍼を持って上下左右にグリグリグリ！　と動かした。

僕の首には激痛が走り、思わず両手でベッドの端を強く握りしめる。体感ではうなじに刺された鍼が前の喉にまで突き抜けてしまったと錯覚する程の痛みであった。

一体何やってんの⁉　という疑問と怒りと恐怖が入り混じった、脳内の天地がひっくり返るような感覚に襲われる。

一突き多く刺し込むまではわからなくもない。しかしその鍼を持ち、まるでゲームセンターにある筐体《きょうたい》の格闘ゲームのコントローラーのスティックをグリグリ入力して必殺技を出すかのような手つきで暴れさせてくる。

これは治療なのか。もしかして耐える僕をギブアップさせようと奇行に走っているんじゃないだろうか。

次、また次、と同じ刺し方で鍼が増えていく。首に刺す隙間がなくなったのか、どんどん頭のほうに上って鍼を刺していく。頭のほうはさらに痛く、もはや隠し切れないほど全身を強張らせ、足の指を握りしめて痛みに耐えていた、まさにその時であった。

襟足辺りから首にかけて下にツーッと何か生温かいものが滴《したた》った。鍼灸師が肩にかけていたタオルでそれを拭う。拭いたタオルを目で追うと、なんとそれは血であった。激しい鍼により流血していたのだ。

犯人を目撃したような僕の目線に気づいたのか、鍼灸師が「うちの鍼は他よりハードなんですよ」と言い出した。こちらがまだ何も聞いていないのに自ら喋り始める、犯人の行動である。

「でもね……」と、鍼灸師は続け「山火事起きてるところに、じょうろで水かけてもしょうがないでしょ」と犯行を正当化するような一言を放った。鍼灸師の言葉とこの治療が合っているのかはわからない。でも確かに現場に血は流れたのだ。

耐え切れずに意識が飛びかける直前で１００本を刺し終わり、素早く全ての鍼が抜かれた。鍼灸師に「はい終了です、お疲れ様でしたー」と声をかけられ、僕はぐったりした状態で起き上がった。

ふとベッドの横の鏡を見ると、首の後ろは穴だらけであった。これでよく生きていられた。不安と安堵が入り混じった感情のまま佇んでいた僕に、鍼灸師が「鍼が全部刺さっている状態の写真撮っておいたんで、携帯に送りましょうか？」と言ってきた。

なんだそのジェットコースターに乗り終わった後の記念写真購入のようなシステムは⁉　まるで鍼治療体験アトラクションのようなサービスである。

服を着て料金を支払い「また調子悪い時は来てくださいねー」と軽い口調の鍼灸師に半分頭を下げながら部屋を出た。

マンションを後にし、とぼとぼと歩く帰り道、風に晒された首の穴が少し痛んだ気がした。

それから1週間ほどで首の痛みは無くなり、鍼の穴も跡形も無くなった。鍼治療のおかげで痛みが引いたと思いたいが、正直それが正しいかどうかはわからない。

だが鍼灸師から送られた、首に鍼が１００本刺さった自分の写真を見た時、今後誰かに「鍼治療って痛くないのか」と聞かれたら「場合によってはすごく痛い」と答えようと思ったのだった。

『オペラ座の怪人』の怪人にあきれてしまう

先日、仕事関係の人に演劇のチケットをもらった。演目は有名な『オペラ座の怪人』のミュージカルだ。

僕は演劇の舞台が苦手だった。舞台演劇用の不自然な演技と、演劇至上主義という気持ちが体から溢れ出し観客に迎合しない役者の雰囲気を、常連客のみが楽しんでいるように感じてしまう。

それは僕だけが感じているのかもしれない。嫌なら行かなければいい話なので、普段から演劇を観に行く習慣は無く、関わることもない。僕の思うその演劇の一面が、初見の客足を遠のかせているのかどうかも、知る由もない。

だがミュージカルは好きだった。ミュージカルはいい。演劇の間に歌や踊りが入り、

いいミュージカルであれば演奏者がいて、生の演奏を楽しめる。僕は音楽は好きなので、曲を聴くことに苦はない。

要するにミュージカルが好きというよりは、音楽を聴いていれば公演が終わるから演劇の中では一番マシ、といった感じだろうか。

チケットをくれた人の手前、何年かぶりにミュージカルを観に行くことにした。前に観たミュージカルの演目がなんだったかも覚えていない。

『オペラ座の怪人』は、名前は聞いたことがあるが内容はよく知らなかった。オペラ座という劇場で噂される怪人の話、という、うっすらとした知識だけがある。

劇場に着き、チケットを見せて中に入った。広めの会場で客席は1000席以上。2階席まである席の、1階席の真ん中くらいの場所に座り、公演が始まった。初めて観る演目だったが、割と設定はわかりやすく、序盤から内容が頭に入ってきやすかった。

オペラ座で噂されるファントムという怪人。劇場に毎月2万フランを要求し、払わない場合は災いが起こるとされている。怪人は音楽の才能はあるが、仮面の下の顔は醜い化け物のようだった。

ある時、怪人はオペラ座に出演する１人の女優に恋をし、その女優を主演にすべく歌を教える。女優はみるみる成長し主演になるのだが、偶然公演を観にきていた幼馴染みと再会を果たし、女優と幼馴染みの恋は燃え上がる。

すると怪人は嫉妬に狂い、女優に「男とは別れろ」と告げる。そして劇場の巨大シャンデリアを落とすのだ。更には劇団員を１人殺し、怒りを露《あら》わにする。それでも女優が幼馴染みとの関係を続けていると、女優と幼馴染みを執拗に追いかけ、別れさせようとする。

この辺りまで観た時、怪人に対して僕は思った。

一体なんなんだコイツは。

怪人は女優に歌を教えて主演にのし上げたが、その立場を利用し、女優のプライベートにまで立ち入ろうとした。公私混同もいいところである。会社の新人研修の時、仕事を教える流れで女性新入社員に言い寄る男性上司のようだ。

この女優にしてみたら、恩はあれど恋愛にまで口を出されたくはないだろうし、仕事上一緒にいただけで自分の女という態度を周囲に対してとられてはたまらないはずだ。

挙句の果てに、癇癪《かんしゃく》を起こして劇場のシャンデリアを落とすわ、俳優を１人殺害するわの大暴れ。恋愛に対しての粘着具合と、この勘違いの度合いは、おそらく童貞のそれである。怪人の中身は、とんだ〝童貞メンヘラ勘違い野郎〟なのだ。

そういうところなんだよお前のモテない理由は！　顔の醜さとかじゃないの！　まずその自分中心の価値観がこの女優と合ってないから！　顔が悪いのに性格も悪くてどうするんだよ！　どっちかは好かれようって努力しろよ！　歌の才能がずば抜けてるのかもしれないけど、この女優はそこに男性的な魅力を感じてないから！　独りよがりな恋愛をするな！　と、演劇の要所要所、心の中で怪人に叫んでいた。

そしてついに怪人は、力ずくで女優を攫《さら》ってしまうのだ。それを知った女優の幼馴染みの男は、怪人の住み家を突き止めて助けに来る。しかし怪人の罠にはまり、幼馴染みはロープを首にかけられて吊られてしまう。すると怪人はその様子を女優に見せつけながら「あの男を助けたくば俺と一緒になれ」と要求するのだ。

いや、だからそういうところなんだよお前の悪いところは！　それで女優がお前のことを好きになると思うか!?　あとそのやり方で一緒になっても嬉しくないだろ！　わからないんだろうな童貞だから！　ずっと間違ってるんだよお前のやり方は！　女優にとってのお前の好感度はどんどん下がってるぞ！　と、怪人への叱責が止まらない。

だが、ここで女優が意を決したように言う。「わかったわ。私も覚悟を見せる！」そして女優はおもむろに怪人の顔に手を伸ばし、熱い口づけをしたのだ。突然のキスに怪人の体は硬直し、驚きのあまり目を見開いて「ふわぁぁ……」と後退《あとずさ》りをする。

やっぱ童貞じゃねーか！　キスされた時の反応が童貞そのものなんだよ！　もしかしてファーストキスだったのか⁉　ファーストキスはもっと素敵なシチュエーションでしたかったって感じだな！　かわい子ぶってんじゃねぇ！　憧れの女の人にキスしてもらえたんだからもっと喜べよ！　と、僕は今にも席から立ち上がるところだった。

その後、怪人は幼馴染みのロープを解くと、女優と幼馴染みに「もういい！　ここから出ていけ！」と吐き捨てるように言う。女優の大胆で挑発的な態度が、純真無垢に自分のことを好きになってもらえると思っていた理想の女性像から外れていたのだろう。

とにかく独りよがりで理想だけが大きくなってしまった哀れな中年男である。そして〝住み家で孤独に震える怪人〟という描写で物語は幕を閉じるのだった。

2時間半程の公演を観た後、『オペラ座の怪人』への印象は観る前と全く別物になった。付き合いで観に来た舞台なので、2時間半ずっと耐え続けるものと覚悟していたが、怪人の一挙手一投足に前のめりにつっこんでしまい、それも含めるとかなり楽しんでいたように思う。

さらに、怪人のことをどこか〝放って置けない存在〟のように思い、最後には可愛らしさまで感じていた。狙ってか狙わずか、思ってもみない角度から楽しませられ、感じたことのない気持ちを抱えながら劇場を出たのだった。

ごくたまに面白いと思える舞台がある。ほとんどの舞台は苦手だが、次にもし舞台の観覧に誘われた時は、怪人のことを思い出して、少しだけ足取りが軽くなるような気がした。

プラネタリウムで味わう特別な感覚

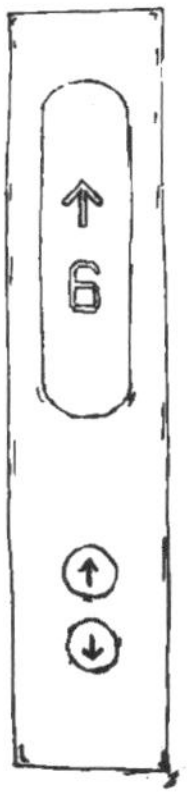

1人でプラネタリウムに行ってきた。昔から星には興味があるのだ。

僕が小学生だったか、あるいは中学生の頃か、夜中に母親に起こされたことがあった。母親は僕と妹を起こすやいなや、車で少し離れた川の近くに連れていき、そこで「上見てみな」と言った。言われるがままに上を見ると、夜空には無数の流星が煌《きら》めいていた。

母親は流星群が発生するニュースを昼にテレビで見たようで、僕らを連れてきたのだ。流星を見たのは初めてで、いつもとは違う夜空の騒《ざわ》めきが怖くもあり、特別なものを見ている高揚感もあった。人工的ではない神秘の現象に1時間ほど釘付けになっていた。それが星に関する一番古い思い出である。

それから20年以上経つ今でも『あの星はどんな環境なんだろう』『宇宙の果てはどこなんだろう』『ブラックホールってなに?』といった、星や宇宙に対する小学生のような興味を持ち続けている。

プラネタリウムへは幼少期に数回行ったきり、行っていない。人に勧められて行くことにしたのだが、大人ながらにワクワクしていた。

仕事が休みの日の昼過ぎ、車で池袋のサンシャインシティ内のビルの屋上にあるプラネタリウムへ向かった。駐車場に車を止め、エレベーターで屋上に上がり、受付へ。

料金は1700円。チケットを買いプラネタリウムの入口で係の人にチケットを見せる。

プラネタリウムが近くなるにつれ、だんだん薄暗くなっていき、久々にプラネタリウムに来たんだ、という気持ちが高まっていた。

中へ入ると半球体の会場に客席が広がっている。僕が取ったのは一般シート。それが客席の大多数を占めるのだが、前のほうには特別な席もあるようだ。覗き込んでみると、雲のような形のソファーと、人工芝のシートがある。

雲のソファーは、それはそれは柔らかそうな素材で、さらに柔らかそうな白くまのクッションまで付いている。2人で座っているカップルもいた。

人工芝のシートは寝転びながら星を見られる贅沢なシートで、肌触りの良さそうなクッション付きだ。前のほうにあるそれらの特別な席は、一般シートに座る客らの羨《うらや》む視線を背中に受けながら星空を見ることもできる。

その日は特別なシートのチケットは全て売り切れていて取れなかった。いつか自分もあんな特別な席で星空を見てみたいなぁ、と思いを馳せながら、一般シートに着いた。

シートに座ってみると、横幅はゆったりしていて思ったより背もたれが倒れる。これが映画館であれば、スクリーンがまるで見えないとクレームが入るほどの角度である。

僕は背もたれを一番後ろまで倒し、半分寝そべっているような状態で、着てきたコートを掛け布団のように体に掛け、特別なシートにも匹敵する最高の状態を作り出した。僕にはそれで十分だった。

やがて会場の明かりが消え、プログラムが始まった。星以外の光は無く、周りの席はほとんど見えないので、始まると広い空間の中、自分1人だけで星空を見ているように思え、すぐに没頭できた。

そして驚いたことに、場面に合わせてアロマのいい香りがするのだ。アロマの香りは2種類あり、途中途中で見事に切り替わる。

おそらく1席ごとにアロマの係の人が2人付いていて、暗闇の中、場面ごとにアロマの瓶を鼻先まで持ってきてくれているのだろう。贅沢なサービスである。

会場に響き渡る星の説明の音声に身を包まれながら1時間弱、非常に癒された状態で星を見ることができた。


プログラムが終わり、会場が明るくなったが、しばらくそのまま横になって余韻を楽しみたいと思えるほどリラックスしていた。これで1700円かぁ……マッサージとかよりもいいかもしれないなぁ……、と、頭の中も穏やかな調子になっていた。

ゆっくりと体を起こし、人の流れに身を任せてプラネタリウムを出る。出たところにお土産屋があり、ちょっとしたグッズや、上映中に使用されていたアロマなども売っている。あぁ……あんなに癒される香りならみんな欲しくなるだろうなぁ……、と、ぼんやり思う。

すると、水の流れる音がしていることに気付いた。プラネタリウムのある屋上にはすぐ横に水族館が併設されていて、そこから聞こえる音だ。そうかぁ……プラネタリウムを出て……そのまま水族館を見て回れたら最高だろうなぁ……、と、うっとりしながら考える。でも……なんとなく今日はやめておこうかなぁ……、と思い、エレベーターで下へ降りた。

そこで少しお腹が減っていることに気付いた。ならこのままビルの中で食事をしようと、飲食店の入っている階で降りた。

フロアマップを見るとレストランやカフェのような店が多く、サクッと食事ができる店はラーメン屋くらいであった。まぁ……別に食べたいものがあるわけじゃないしラーメンでもいいかぁ……、と、のどかな気持ちで思い、ラーメン屋に入った。

カウンターに座り、メニューを見て、一押しの醬油ラーメンを頼んだ。しばらくしてラーメンが来たので、割り箸を取り、麵をすすった。〝ビルの中の飲食店街にあるラーメン屋〟といった具合の、大衆に愛される味であった。

ラーメンを食べ終わり、僕は店を出た。あーあ……可も無く不可も無いラーメン食べちゃったなぁ……こんな特徴のないラーメンが好きな奴いるのかなぁ……、と、緩やかに思い、人も入ってなかったなぁ……挑戦的な味を作ることなく潰れるんだろうなぁ……、と、ぼーっと考えていた。

その後、ふらふらとビル内を歩いていると、若い女性ものの服の店が並んでいる場所に差し掛かった。どの店も割とリーズナブルな服屋のようで、『大特価！』や『最大50％ＯＦＦ』などと書かれた紙が貼られているのが見えた。

僕は、中高生の女子とかこれくらいの店で服買うんだろうなぁ……縫製とか適当でパッと見ただけで安い服ってわかるんだよなぁ……、と、なごやかな調子で思った。

そして、飲み物でも買って帰ろうと、持ち帰りのできるカフェに入った。カウンターで店員が「メニューをお選びください」と言い、僕は「カモミールティーラテください」と注文した。すると店員はよく聞き取れなかったのか「アールグレイティーラテですか？」と聞いてきた。

僕は、なんで1回で聞き取れねぇかなぁ……ちゃんと言ったつもりだけどなぁ……、と、かすかに思い、注文を言い直した。

続けて店員は「他にサイドメニューなどのご注文はよろしいですか？」と、僕に聞いた。いいから早く作れよなぁ……こっちはラーメン食ったんだから腹なんか空いてる訳ねぇだろぉ……、と、ふわふわした頭で考える。

注文を終え、少し待って飲み物を店員から受け取ると、カップにマジックで『thank you!』と書いてあるのが目に入った。僕は、thank you! じゃねぇだろぉ……馴れ馴れしく接してくんなよなぁ……、と、安らかに思った。

そうして、駐車場に戻り、車で自宅に向かうのだった。

僕はやはり星や宇宙に魅力を感じている。たとえプラネタリウムでも星を見ると、いつもとは違う特別な感覚になるのだ。ふわーっと、穏やかで、気持ちのいい状態をしばらく味わっていた。

こんな、思いっきりぼんやりとすることが大事なのかもしれない。車を運転しながら、都会の空の星を見て、家までずっとそんなことを考えていた。

旅行前夜の悲劇に打ち勝つ

週末、友達と宮崎県へ旅行に行くこととなった。土日が休みだったので、金曜の仕事終わりの夕方発の飛行機のチケットを取り、日曜の夜に帰ってくる2泊3日の予定を組んだ。

目的は最近始めたインラインスケートである。宮崎にいいスケートパークがあるらしく、旅行がてら友達とそこに滑りに行くことにしたのだった。

週末の旅行に心躍らせながら仕事に明け暮れていたその前日、木曜のことである。夜11時頃仕事が終わり、いつものように車を運転して家まで帰った。そして家のマンションにある駐車場に車を停めたのだ。駐車場は立体機械式で、車が上下に4台停められるようになっており、地上に1台、地下に3台収容される作りである。

いつものようにバックで駐車場の中に入れ、エンジンを切って車から出ようとした、その時。僕の右ポケットに浅く入れていた携帯電話が、車を降りた勢いで飛び出し、落ちた。そして携帯電話はなんと、そのまま駐車場の床の5センチほど開いた隙間にスルッと入ってしまったのだ。さらに次の瞬間、はるか下のほうでカランカラン！という音がした。

——終わった。終わった音である。僕は叫べもせず絶句した。ものの1秒半の出来事だが、すぐには受け止めきれない。

それから、携帯電話の心配より、面倒臭いという感情が一気に押し寄せた。床の隙間に入ってしまった携帯電話は、音から察するに車が収容される地下の一番下まで落ちてしまったのだろう。おそらく10メートルくらいは下である。冷静に考えれば考えるほど絶望を感じる。

そんな事実から逃れようと、落ちたのは携帯じゃなくて他の硬い何か、と自分に言い聞かせ、荷物や車の中に携帯電話が無いか探してみた。だが、やはり見つからず、床の隙間に携帯電話が落ちた現実を思い知らされるだけだった。

どうすんだよ、と、口が勝手に呟いたような気がした。頭の中では、隙間のはるか下で鳴り響いたカランカラン！　という音が反響している。

小学生の頃、地元の埼玉にある西貝塚環境センターというゴミ処理センターに、母親が大きめのゴミを捨てにいくのに付き合わされたことがあった。施設内には、とてつもなく大きいゴミの谷のような場所があり、そこは蟻地獄のようにすり鉢状になっていて、全体がオレンジのライトで怪しく照らされていた。

母親はその谷の縁に車を停め、係員に「持ってきたゴミを投げ入れてください」と言われ、勢いよく投げ入れた。それを見ていて、もしこの谷底に落ちてしまったら死んでしまうだろう、あんなに深い場所に落ちたらもう上がってくる術《すべ》なんてあるわけがない、と目の前のゴミの谷を地獄のように感じていた。

携帯電話が機械式の駐車場の隙間に入ってしまったこの状況で、その西貝塚環境センターの記憶が蘇り、あの地獄の谷底に落としたのと同じだ、と思った。今、どこから僕の携帯に電話をかけたら、地獄の鬼と繋がるんじゃないか。

電話に出た鬼は「この電話は貴様のものか？　地獄に落ちていたから拾ってやったぞ。でも返さないぞ！　返して欲しくば地獄まで来い！　がっはっは！」などと言うだろう。鬼のような鬼である。

その後、僕は心を落ち着かせようと駐車場の外へ行き、一旦操作盤を操作して車を収容した。落ち着いてみると、もしかしたら下の駐車パネルを上まで上げてみたら、どこかに引っかかっているかもしれない、という考えに辿り着く。

そこで、操作盤で駐車パネルを引き上げて全て確認してみたが、やはり携帯電話はどこにもない。

ここまで理解した時、僕はもう一度絶望に引き戻される事実を思い出す。明日宮崎旅行じゃん！　友達との待ち合わせ時間や集合場所はまだ決めていない。連絡手段の無い旅行は恐ろしい。それどころか、飛行機のチケットはインターネットで取っており、予約情報が全て携帯電話の中に入っているので、飛行機に乗ることさえできない。

夜中12時過ぎ、もはや僕を追い込む手数が多すぎて把握しきれなかった。確実にわかったことは、どうやら機械に飲み込まれた携帯電話の救出は、僕にはできないらしいということだ。

しかし、ふと目を落とした操作盤の下のほうに、機械式駐車場のメーカーの名前が書いてあるのを見つけた。もしかしたら、この会社名をインターネットで検索すればサポートセンターの情報が出てくるんじゃないか。僕はそう思ったと同時に、インターネットで検索しようとした。そこで気付いた。

いや、携帯ないじゃん！　調べようにも携帯電話がない。出鼻は挫《くじ》かれた。

だが、すぐに次の案が思い浮かんだのだ。家にはパソコンがある。早速マンションの部屋に入り、パソコンを開いて会社名を調べた。すると、すぐにホームページとサポートセンターの情報が出てきた。サポートセンターのページには24時間受付可能な電話番号が書いてある。僕は迷わず電話をかけようとした。そこで気付いた。

いや、携帯ないじゃん！　盲点だった。検索はパソコンでできるが、電話をかけるのは携帯電話からなのだ。困った。

こうなったら友達の誰かに連絡してサポートセンターに電話してもらうしかない。そこで僕は気付いた。

いや、携帯ないじゃん！　友達に連絡をとる術がない。携帯電話のない現代人は無力。翼はもがれ、飛べない鳥と化していた。

僕はひとまずリビングのこたつの電源を入れ、肩まで入った。一通り案を出し尽くし、全てを綺麗に折られた僕は、せめて体を温めるしかない。

こたつがじわじわと温まってきてウトウトしかけた時、はっ！　と思いついた。それはリビングのソファーの下にある小物入れの中の携帯電話のことである。

これは僕が以前、携帯電話を2台持っていた時に使っていたもので、旧型の携帯電話だということもあって、当時かなり安い料金で契約していたのだ。僕はこの携帯電話を解約した記憶がない。もしかしたら安すぎる料金にかまけて、解約するのを忘れていたかもしれない。

僕は、ソファーの下の小物入れを探り携帯電話を見つけ出した。折りたたみ式の懐かしさ漂うその携帯電話は電池の残量が無く、電源が入らない。小物入れに一緒に入っていた充電器に繋ぎ、充電した。

しばらくして電源スイッチを押してみると、携帯電話は起動した。そして、なんと電波のマークが立っているではないか。

解約していなかったのだ！　その時の僕には、料金を払い続けていた損失感は全く無く、手繰《たぐ》り寄せた細い糸としか感じていなかった。

サポートセンターに電話をかけるとすぐに繋がった。事情を説明して対応策を聞くと、自分で回収するのは不可能とのことで、作業員を向かわせると言う。

僕は一瞬見えた光に飛びつくように、費用や所要時間も聞かずに派遣してもらうことにした。少しでもこの状況が良くなるなら、ある程度のリスクも飲み込む覚悟であった。なぜなら明日、というかすでに今日、旅行に行くからである。

電話を切り、作業員を待った。その時点で深夜12時半を回っていた。とても旅行前夜の過ごし方とは思えないが、こたつに入りながら、ただただ壁を見て時を待った。

30分後、ピンポーンと家のインターホンが鳴る。深夜の来客は、来ることがわかっていても怖い。

派遣されてきたのは40代くらいの男性作業員で、僕が玄関先で事情を説明するとすぐに「では作業に入りますが、少し時間がかかりますので家の中でお待ちください」と言い、駐車場に向かっていった。僕は再びリビングに戻り、こたつに入って、駐車場の地下の状況を想像しながら待った。

それから40分程が経った時、またピンポーンとインターホンが鳴る。そしてインターホン越しに作業員が「作業終了しましたー」と声を発した。作業終了ということは、携帯電話は回収できたということだろうか。

玄関を開けると、先ほどの男性作業員が「こちらでよろしいでしょうか」と右手に持った携帯電話を差し出してきた。それは紛れもなく僕の携帯電話であった。

勝った!! 何に勝ったのかはわからないが、その時、僕はそう思った。飛行機にも乗れるし、携帯電話のある旅行と無い旅行とでは全然違う。携帯電話のある旅行に行く未来を取り戻したのだ。

「一番下の駐車パネルより下に落ちておりました」と説明する作業員に厚めにお礼を言う。「料金はいくらですか?」と聞くと「落とし物対応なので無料になります」と告げられた。

なんてラッキーなんだ。スタート地点から何もプラスにはなっていないのに、そう感じていた。

そして作業員は颯爽と帰っていき、無事、僕の携帯は回収された。リビングに戻り、興奮がやっと冷めてきた頃、もう一度携帯電話を見た。

すると、10メートル落下した携帯電話が全くの無傷だったことに気付いた。その不思議に、この数時間で起こったこと全てが夢だったんじゃないかというような気持ちになった。

予定通りその日の夕方から旅行に行った。宮崎県の空港に着くと、僕はもう前日の夜のことなど、とうに忘れているのだった。

思いつきで函館に行こうとしたら、失敗した

あまり計画を立てて行動するのが好きではない。しかし、そのせいで失敗することはやはりある。

ある日、職場の先輩から「何か文章を書いたり、パソコンでできる作業だったら、函館に行くとはかどるよ」という話を聞いた。

函館に行くと作業がはかどる？　その時は函館と書く作業というのが全く結び付かなかったのだがよく聞いてみると、東京から函館に新幹線で行く場合、東京駅から4時間程度同じ新幹線に乗っていれば着くので、行き帰りのおよそ8時間を作業時間にあてられるという理由であった。函館で北海道の海鮮など食べてその日に帰って来れ

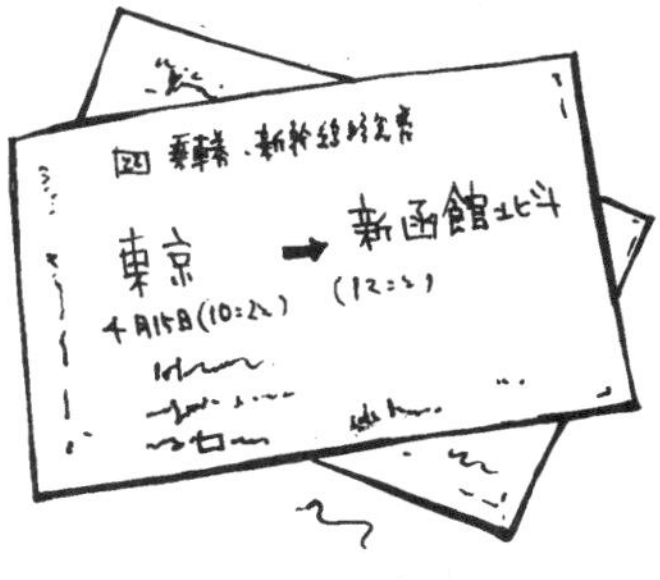

ば、自分へのちょっとしたご褒美になって作業もよりはかどるという。

僕は今まで聞いたことのない、その斜め上のアイデアに興味をそそられた。休日に自宅でダラダラと作業をした結果、色々な誘惑に負けて終わらせられないくらいなら、新幹線代を払ってでも旅行気分で作業を進めるほうに魅力を感じていた。

次の日曜日。僕はふと朝の7時前に目が覚めてしまった。その日は仕事が休みだったので早く起きる必要は無かったのだが、ふと目が覚めることには抗えない。

しばらく天井を見ていた。汚れもシミもない真っ白い天井を。何の意味もないそんなことは休日にしかできないからだ。天井を見るのに飽き始めた時、僕は数日前に聞いた先輩の函館の話を思い出した。

ちょうどやらなくてはいけないパソコンでの作業もある。よし、今日は函館に行こう。一言一句違わず、その時の僕は頭の中でそう言った。

そのまま携帯電話で函館への新幹線の時間を調べる。すると8時20分東京駅発なら函館に12時半頃着くことがわかった。

僕は次の瞬間、飛び起きて風呂場でシャワーを浴びていた。どこか、今あるやる気が削がれないように先に体を動かしていたのだろう。風呂から出て髪を乾かし、服を着てリュックにノートパソコンを入れる。そしていそいそと家を出た。

東京駅へは地下鉄で向かった。途中、乗り換えた駅の改札内にコンビニがあったので、東京駅のコンビニは混んでいると予想し、新幹線に乗ってすぐに食べる朝食用のパンとコーヒーとヨーグルトをそこで購入した。それをリュックに詰めて東京駅へ。

東京駅に着くと、新幹線の乗車券購入窓口へ急ぐ。窓口は多少並んでいたが、10分ほどで自分の順番が回ってきた。

僕は「8時20分発の乗車券を1枚ください」と駅員に言った。すると予想外の事が起きた。「このあと8時20分発は満席となってますね」と駅員が告げたのだ。

想像していなかった。乗車券が取れないということを。まさか、特に何のイベントシーズンでもない日曜日の新幹線が満席だとは。ネットで予約や空席確認などができるこの時代に、直接駅で当日の乗車券を購入しようとしたのが間違いであった。

だが、その時間の席が取れなくても、次に来る新幹線に乗ればいい。そう頭を切り替え出していた矢先、駅員が「次の新幹線ですと、座席が空いているのは10時44分以降になります」と続けた。

約2時間半後。東京駅でこの待ち時間は絶望的な数字であった。僕は悩んだ。今日は函館に行くつもりで家を出てきたのだ。寝起きとはいえ、覚悟ある決定である。

そこで悪い考えが頭を過《よ》ぎる。僕は知っているのである。今函館行きや作業を放り投げて、都内で朝から自由な1日を過ごすことになったら、めちゃくちゃ気持ち良いということを。

その背負っていたもの全てをドブに放り投げる快楽にはかなりの魅力があった。だが踏みとどまった。今日を逃せば、きっとこの先も僕は函館へは行かない。今日ほどの函館への勢いと熱量は、もう生まれないとわかっていたからだ。

函館に行くなら今日。再び思った僕はその場で2時間半後の乗車券を購入した。するとここで問題が発生する。新幹線の発車まで2時間半、東京駅でどう過ごすかである。調べると、東京駅の改札内にイートインスペースのあるパン屋があるようだ。行くあてもないのでとりあえずそこを目指した。

着いて店内を見渡すと、かなり混んでいる。しかしイートインスペースのカウンター席がポツリと1つ空いていたので、そこを確保した。そして席を使わせてもらうためのパンとコーヒーをその店で購入したのだった。

この時点で今日の旅はかなりうまくいっていない。まず、パンとコーヒーはすでにリュックの中にある。席を使わせてもらうために止むを得ないが、短時間でパンとコーヒーを二組買ってしまっている。

そして東京駅での2時間半の待ち時間。あらかじめ新幹線の空席を調べておけば、パン屋のイートインコーナーで長時間を過ごすことにはならなかっただろう。

さらに函館の到着時間が大幅に遅れ15時過ぎになってしまった。日帰りとなると18時には函館を出なければいけないので、滞在時間は2時間半程度。何もかもめちゃくちゃである。

だが、チケットはもう購入してしまっている。僕はイートインスペースの硬い椅子に座り、惰性で選んだパンに齧り付いた。パンをコーヒーで流し込み食べ終えると、この場でやることもないので、リュックからパソコンを取り出して作業を始めた。

こんなつもりではなかった。想像では今頃、新幹線の少し背もたれを倒した席に座り、窓の外の流れる景色を横目に、静かにパソコンで作業を進めているはずだったのだ。

現実にはガヤガヤした駅構内のパン屋のイートインスペースで、硬い椅子で背筋を伸ばして、隣の人に肘が当たらないようにしながらパソコン作業をしている。いつも通り家でダラダラと作業をしていたほうがマシだったのではないか。自分でもなぜここにいるのかよくわからなくなりながらも、キーボードを叩いた。

イートインスペースで2時間半が経ち、新幹線の時間となった。その頃には体はかなり固まっており、椅子の硬さで腰が痛い。作業も多少は進みはしたが、効率がいいわけでもない。

パン屋を後にし新幹線の改札を通ってホームで待っていると、10時44分発の新幹線が到着した。新幹線に乗り込み、座席で一息ついた僕は、パン屋の窮屈な環境での疲れに飲み込まれ、そこから2時間寝てしまった。

そして気付けば窓の外は仙台。『気付いたら仙台』。そんな慣用句が僕の中で生まれようとしていた。

まるででたらめなことをしている。急いでパソコンを開き、作業を始めはしたが、この旅がおそらく負け戦であることは、ほぼ決まっていた。

案の定、函館に着いた15時過ぎにはもう殆どの店は昼の営業を終えており、海鮮を食べることはできず、17時から始まるラーメン店の開店を待ってラーメンで腹を満たした。帰りの新幹線ではどうにか失敗を取り戻そうとみっちりパソコン作業に勤しんだ。

家に着いたのは夜中。どうにもお腹が空いてしまって、リュックに入っていたパンとコーヒーとぬるくなったヨーグルトという最低の夕飯を食べて寝たのだった。

計画を立てて行動するのが好きではないが、ある程度の計画と確認は必要なのだ。それをわかっているつもりなのだが、どうにもできないでいる。

脳がクラッシュする、謎のパーティに呼ばれた

仕事の先輩から自宅で行われるパーティというものに誘われた。先輩は僕の15歳年上で、50過ぎの恰幅のいい穏やかな男性だ。結婚しており、子供はいない。先輩の自宅に誘われるのは初めてで、今までパーティというものに招かれる経験の少ない人生を過ごしてきたのだが、僕は奥さんのほうとも仲が良いので、割と行きやすいパーティだと判断し、参加することにした。

パーティ当日、デパートで手土産を買い、指定された夕方の時間ちょうどに着くように先輩の自宅へ向かう。向かっている途中ふと、このパーティは一体何のパーティなんだ？　という疑問が湧いた。

なぜ最初からそこに引っ掛からなかったのだろう。誘われた時、僕はパーティとい

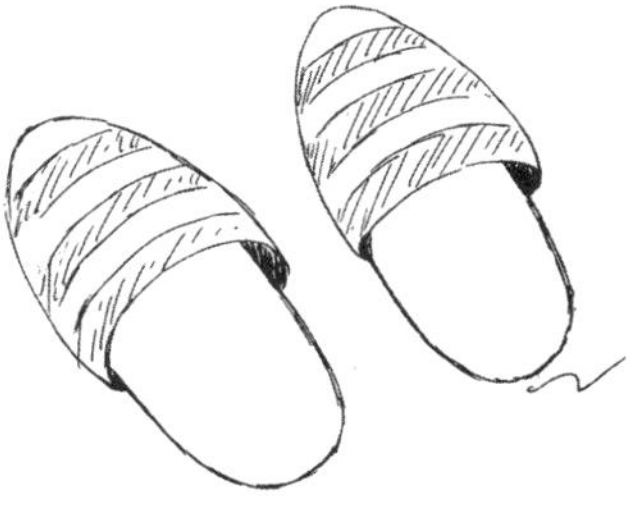

うものをもう少し自然に捉えていた。先輩の自宅でただ普通に行われるパーティに誘われた、と疑問を抱かず受け取っていたのだが、よく考えてみると〝自宅でただ普通にパーティを行う〟そんな人が日本にどれだけいるだろう。

多くの日本人はおそらく、祝い事やイベントに絡めないと自宅でパーティなどできない。そこに気付くと、今夜の謎のパーティが何の名目で行われるかが非常に気になってきた。

メールで送られてきた住所を頼りに、先輩の家の前まで辿り着いた。「いよっ！」と、先輩を持ち上げたくなるような高級感のある綺麗なマンションであった。

エントランスに入り、インターホンを鳴らすと「どうぞー」という声とともに入口の扉が開く。僕は中へ進み、部屋の前まで着くと、チャイムを鳴らした。

ガチャッと扉が開くと共に、頭に小さなカボチャが2つ乗ったカチューシャを着けた先輩と、開いたコウモリの羽があしらわれたカチューシャを着けた奥さんが「いらっしゃ～い！」と言いながら飛び出してきた。僕は「あぁ、こんばんは。お疲れ様です」と会釈した。

「どうぞ入ってー」と促す先輩。僕は玄関で靴を脱ぎ、「これ、良かったら。お酒飲まれると思うんでチーズの詰め合わせです」と手土産を差し出し「そんな、大丈夫なのに〜！」と言う奥さんに渡した。

先輩に連れられるまま、リビングに案内された。リビングでは至る所に顔を描いたカボチャや、骸骨やオバケ、蜘蛛のバルーンが浮かんでいた。中央の大きい円卓の上にはオレンジ色でコウモリが描かれた紙皿や、髑髏《どくろ》イラストが入ったコップなどが用意されている。

僕はここで確信した。間違いない、ハロウィンパーティだ。このオレンジと黒を基調とした飾り付け、恐ろしい見た目でありつつ和やかな表情のキャラクター達。ハロウィンパーティそのものである。

ただ、玄関で先輩と奥さんのカチューシャを見た時点で確信を持てなかったのは、今が9月の初めだからである。ハロウィンと言われる日までは2ヶ月近くあるのだ。ハロウィンは元々の意味に農作物の収穫祭を兼ねていると聞いたことがあるが、異常気象で農作物が早く育ちすぎた年のハロウィンがこれくらいだろうか。とにかく予想もしていなかった世界最速のハロウィンパーティであることに間違いはなさそうである。

今宵のパーティへは僕が一番乗りだったようで、しばらく先輩と世間話をしていると、ピンポーンというチャイム音と共に続々と参加者が現れる。僕の他に3人の参加者がおり、全員仕事の先輩であった。

するとと奥さんが「それでは皆さん、好きなカチューシャの席に座ってくださ〜い！」と言った。大きな円卓を囲う椅子の上にはカボチャやコウモリや悪魔のツノなどの飾りが付いたカチューシャが置かれていた。そしてこのカチューシャを選び着けることが、ハロウィンパーティの始まりを意味していることがわかった。

僕は目の前にあった椅子に乗ったカボチャの2つ付いたカチューシャを手に取り、頭に着けながら席に座った。先輩3人もいい大人なので「はいはい……」といった様子で無駄な文句も言わずにカチューシャを着けて座る。

そして、ポン！　と主催者の先輩がシャンパンを開けて全員のグラスに注ぐと、自分のグラスを手に取る。「それでは皆さん、ハッピーハロウィーン！」という音頭に、参加者全員が戸惑い混じりで「ハッピーハロウィーン」と声を合わせ、乾杯が行われた。

シャンパンを飲んでいると奥さんがキッチンから出てきて、「はーい！　コチラどうぞ〜！」と3、4人前のサラダが大皿で2皿、さらに大皿に盛られたサラダスパゲッティがテーブルに置かれた。僕らはいただきまーすとサラダをパクつきながらお酒を飲み、なんだかんだこのパーティを楽しみ始めていた。

サラダとサラダスパゲッティを大体食べ終わった頃、奥さんがキッチンから「はーい！　どうぞ〜！」と大皿に盛られたサラダをまた持ってきた。参加者全員が「えっ……」と顔を見合わせた。奥さんと主催者の先輩はニコニコしている。

正直、最初に持ってきた大皿2皿のサラダと大皿のサラダスパゲッティだけでもかなりの量があったのだ。その上でのこの大皿のサラダには驚かざるを得ない。参加者全員の、誰が食うんだ……。という空気を察し、一番年下で後輩である僕が率先して自分の皿にサラダを取り、頬張った。

他の参加者も少しずつその大皿のサラダを片付け、サラダスパゲッティも含め、どうにかサラダ4皿を平らげた。すると奥さんがキッチンに戻り、しばらくして甲高い声で「は〜い！」と言いながら大皿に盛られたサラダを持ってきたのだ。

参加者はざわついた。5皿目のサラダ。とんだベジタブルコースである。同じ葉っぱばかりを食べさせられ、僕は心の中で、俺たちは青虫じゃねーんだよ！　と叫んでいた。参加者の先輩達も「え、またサラダなの……？」と口に出している。

主催者の先輩もそれを察したのか、奥さんを呼んで「そろそろアレやっちゃおうか」と促して、2人でキッチンのほうへ行った。しばらくすると、主催者の先輩がホットプレートを持ってきてテーブルに置き、それを見た僕ら参加者は何かサラダ以外のものが出てくる雰囲気に、ざわついていた心が落ち着いた。

程なくして奥さんが「じゃーん！」と声を上げながらキッチンから大皿を持って出てきた。その上にはベーコンが巻かれたアスパラやエリンギ、しめじやチーズなどが100個近く乗っていた。肉の料理が出てきたことは嬉しかったが、その量には全員が絶句していた。

「うちの定番と言えばベーコン巻きだから。では始めまーす」と主催者の先輩が熱されたホットプレートの上でベーコン巻きをおもむろに焼き出す。ベーコン巻きはすぐに焼き上がり、「焼けたよ〜」と主催者の先輩が参加者に促すが、全員箸を取る手が重い。なぜならサラダを大皿で5皿食べているからだ。

しかし、さすがに手を付けない訳にもいかずベーコン巻きを食べると、これはこれで美味しいので、参加者の先輩達も思ったより箸が進んでいる。酒を飲みながら100個近くのベーコン巻きをどうにか全員で食べ終わった。

その時である。奥さんが「これも良かったら〜」と言いながらキッチンから大皿に乗ったサラダを持ってきたのだ。何度見た光景だろう。もしかしたら同じ時間を繰り返しているのかもしれない。

6皿目のサラダの異常さは参加者の理解を超え、驚きでも嫌悪でもなく、虚無の表情となった。

そしてこの荒唐無稽なハロウィンパーティはさらに加速することとなる。6皿目のサラダに誰も手を付けないまま、しばらく過ぎた時、奥さんがリビングのテレビのリモコンを手に取り、こう言った。「みんなでスリラーを踊ります！」

反応したほうが良いのか、聞こえなかったことにしたほうが良いのか迷った。しかし奥さんを見ると真っ直ぐな視線を僕らに向けている。逃れられない。

参加者の1人が「何？　どういうこと……？」と聞くと、奥さんはリモコンを操作し、テレビでマイケル・ジャクソンの『スリラー』のミュージックビデオを流し出した。そして「ハロウィンなので、みんなでスリラーのダンスを踊りましょー！」と言い放った。すると主催者の先輩がガタッと立ち上がり「よし、立とう立とう！」と参加者も立つように促す。

僕らは渋々テレビの前まで行った。そして全員、マイケル・ジャクソンのダンスを見よう見まねで踊ったのだ。初めて踊るスリラーのダンス。できているのかできていないのかわからないまま、お酒の入った体で全員が一生懸命踊っていた。

ハロウィン仕様で照明が暗めにされたリビングで、30代後半から50代の大人6人が、テレビの明かりに照らされながら踊っている。自分自身も踊りながら見た周りの光景が、薄明るく、歪んで、スローになっているように映った。

9月の初めに、住宅街のマンションの一室で、中年の男女が必死にスリラーを踊っている。もし誰かに覗き見られていたとしたら、なんとも恐ろしい光景だろう。踊りながらこの状況に麻痺してきている自分の感覚も、場の異常さを際立たせていた。

その後、解散となったのだが、踊ってから解散までのことをあまり覚えておらず、帰り際にリビングに飾ってあったバルーンを1人1つ持たされた記憶だけがうっすらあった。踊って酔いが回っていたのか、その日は自宅に帰ってすぐに寝てしまった。

翌朝起きると、昨日起こったことがにわかに信じられなかった。思い出そうとしても、奥さんが何度もキッチンからサラダを持ってくる映像と、男女がダンスを踊っている歪んだスローの映像だけが頭の中で流れる。

脳内の不思議な映像にぼやっとしながらトイレに向かうと、玄関に大きい蜘蛛のバルーンが浮かんでいた。それを見た瞬間、昨日が本当にあったことが確実となったのだ。僕は溜めた息を鼻で吐き、トイレに入ったのだった。

あの時見た三島へ、ついに足を踏み入れる

以前、愛知県の三河安城での仕事に遅刻してしまったことがあった。その時は東京駅から新幹線に乗り、三島駅で乗り換えがあったのだが、新幹線の待ち時間に駅のホームから見た三島というのどかそうな土地が、僕の頭にずっと印象を残していた。

ある昼過ぎ、ふと、一人旅をしよう、と、思い立った。その日は2連休1日目の昼であった。

一人旅と言っても、溜まってしまったパソコンでの作業を、旅館で一泊して終わらせようという目論みである。まるで文豪の執筆作業のようだが、そんな大それた文章を書くわけでもないので、きっとこの作業は自宅でもできる。

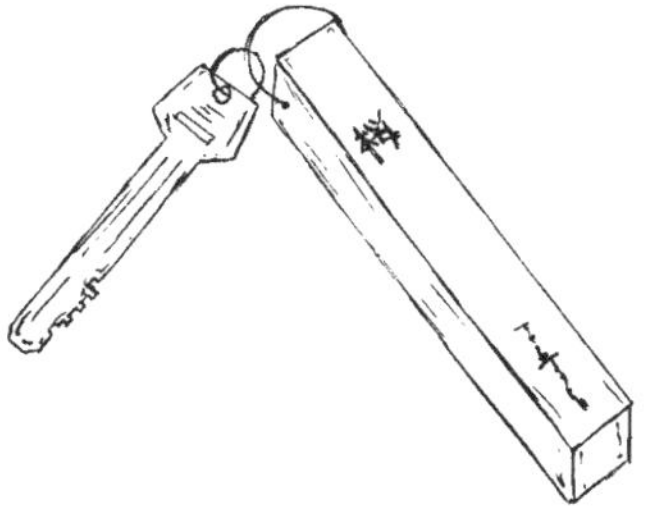

それでも旅に出ることにしたのは、せっかく旅館をとってまで作業をしにきているのだから、と、自分に思わせることで退路を断たなければ、先延ばしにしてしまいそうな不安があったからだ。そのため、旅の場所はどこでもよかった。

そこで僕は三島を思い出したのだ。観光地ではないのかもしれないが、一度見た、のどかそうな土地が作業に集中できそうだと思い、三島に行くことにした。

早速旅館を手配しようとインターネットで調べて電話をかける。すると2軒目で泊まれる旅館が見つかり、予約が完了した。そしてそのまま身支度を整え、東京駅へ向かったのだ。

東京駅に着くと、一番早い三島行きの新幹線のチケットを購入し、すぐに新幹線に乗った。しかし思いのほか三島は近く、40分程で到着してしまい、こんな短時間で目的地に着いてしまうのは旅行として成立しているのか？　と、少し不安になった。

新幹線から降り、ホームから見た三島は、あの時見た三島と同じだった。高い建物が無く、のどかな街が広がり、奥には山が見える。程よい田舎といったこの土地に来てみたかったのだ。

だが本来の目的は溜まっている作業をすることなので、僕はタクシーへ乗って旅館へ直行した。少し山のほうへ走り、20分程で大きくもなければ小さくもない老舗旅館に着いた。チェックインを済ませ部屋に荷物を置き、作業の前にまずは風呂に入ることにした。

大浴場へ行き、服を脱いで風呂場の引き戸を開けると、無数の熱帯植物と、天井から何かのツルが垂れ下がっている。そんなジャングルのようなコンセプトの空間が広がっていた。誰のセンスでこんな雰囲気にしてしまったんだ、と思いながらジャングルの奥の洗い場で体を洗い、湯船に浸かる。ところがジャングルの湯船は意外と深く、あぐらをかいて座ると水面が鼻の上くらいまで来てしまう。

僕は鼻に入りそうになるお湯を噴き出し、和式便所にしゃがむような体勢になった。色んなことが間違っている、そう思いながら湯船に浸かっていたのだが、ずっとしゃがんではいられず、早々にジャングルから出た。

部屋に戻り、早速パソコンを立ち上げ、作業に入る。旅館で作業をしたのは初めてだったが、思ったよりはかどった。自分以外誰もいない少し広めの部屋と、遊びの誘惑のない程よい田舎。この2つが作業に集中させたのだった。

しかし、作業を始めて2時間程経った時、どこからともなく騒がしい声が聞こえてきた。僕の部屋の近くにあるカラオケルームからで、本来音は漏れないのだろうが、おそらく部屋の出入りで防音のドアが少し開いており、歌声が客室まで聞こえてしまっているのだ。それが作業を進める上でどうしても気になってしまう。

しかも男達の酒酔いがかなり仕上がっているようで、J－POPの歌詞のほとんどを卑猥な言葉に替えて歌っているからタチが悪い。知らない人の歌う卑猥な歌詞の替え歌J－POPほど聞きごこちの悪いものはない。

そんな最低な音漏れが1時間程度続き、ついに我慢の限界がきてフロントに内線で電話をかけた。申し訳なさそうな電話口の従業員の返事のあと、すぐにカラオケの音は止み、元の静寂な部屋に戻った。そこから再び作業に集中し、どうにか夜中の2時くらいにはやるべきことを終え、寝たのだった。

次の日は、10時のチェックアウトに合わせて旅館を出る。この旅でやる予定の作業を終えていた僕は、せっかく三島に来たのだからどこかしら観光をして帰ろうと思い、旅館の従業員にこの辺りで有名な観光スポットがないかを聞いた。

従業員は「このあたりで観光できる場所といえば、修善寺のあたりになりますかね……」と、三島から少し離れた別の街をおすすめした。その後も三島に何かないかと食い下がったのだが、聞けば聞くほど何もないらしい。僕は教えてもらった修善寺に行くことにした。

修善寺へは電車とバスを駆使して30分で着いた。バス停の近くに修禅寺があり、意外と小ぢんまりとした寺であった。一応そこでお参りをして、近くを歩いて街並みを見ていると、街から山へ続く道に、小さな看板を見つけた。

そこには『おしゃぶり婆さんの石仏　４００ｍ』と書いてあった。『修禅寺』『源頼家の墓』『指月殿』など、歴史ある土地らしい看板がある中で、『おしゃぶり婆さん』の得体の知れなさに興味を持たざるを得ない。

好奇心から、山頂へ続く道のりを４００メートル歩く過酷さを想像しつつも、足が登り始めていた。登りながらどういったものなのか想像するが、よからぬ発想しか出てこない。

煩悩を捨てるはずの修行僧が、どうしても捨てられなくなった時に山を登り、この『おしゃぶり婆さん』にお世話になって、何の欲も無くなったすっきりした状態で山を降りる、といった底辺の想像を巡らせて、過酷な道を４００メートル登っていた。山の斜面はかなり急で、思っていたより遥かに体力を使った。

底辺の想像の答え合わせをするだけでは割に合わないくらいに登った頃、少し開けた場所に出た。見渡すと『おしゃぶり婆さんの石仏』と思しきものが、端にぽつりと置かれていた。それは老婆が立膝をした、サッカーボールくらいの小さな石像であった。見る限り何もしゃぶっていない。

説明書きの立て札があったので読んでみると、この石仏は子育ての神として祀られているもので『おしゃぶり』は、赤ちゃんのおしゃぶりからとっているらしい。僕はそちらのおしゃぶりの想像には何故か及んでいなかった。

400メートルの山道の対価としては安すぎる事実に、若干気落ちしながら山を降り始めると、登ってきた若いカップルとすれ違った。カップルは「おしゃぶり婆さんってどんなやろうねー」「奇抜な像とちゃうん?」と関西弁で話しながら意気揚々と山を登っていった。

この2人の想像の結末を知っている僕は、哀れな気持ちで山を降りていく。すると、少し上のほうで石仏を見たカップルの声が微かに聞こえてきた。「は? なんやねんこれ? 全然おしゃぶり婆さんとちゃうやん!」「ほんまや! どこがおしゃぶり婆さんやねん!」「ウチらこれのために登ってきてたん?」

僕と同じ結末をむかえているな、と思っていると、男の声で「これやったらお前のほうがよっぽどおしゃぶりやん!」と聞こえ、間髪を入れず女の声で「嫌や! やめてそういうこと言うのー」との、半笑いのやりとりがなされた。

僕は、そのやりとりを背中で聞きながら、さっさと帰ろう、と下山し、脇目も振らず東京に戻って、一人旅を終えるのだった。

憧れの監督の最新映画を観て考察したこと

子供の時から観ていたアニメがあった。そのアニメを作った監督は何本もアニメ映画のヒット作を生み出しており、僕が物心ついた頃にはその監督の作品を知らない人はいなかった。監督の手がけたアニメには僕が好きな作品もあり、幼少期はＶＨＳのテープが伸びてしまうほど何度も観返していた。

時は経ち、僕が37歳を迎える頃にはその監督はもう80歳を越えていた。そしてその年、突如監督の新作アニメ映画が発表されたのだ。

作品はタイトルこそ発表されたが、公開まで一切の予告や、内容に関しての情報が出されなかった。昔からその監督の作品のほとんどを観てきた僕には、この謎めいた

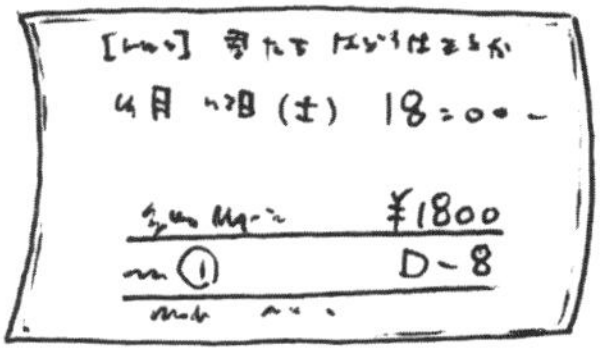

アニメを公開中に絶対に観に行かなくてはならない、という使命感があった。

上映している映画館は沢山あったが、都心から少し外れた、普段よく行く小さめの映画館でも上映されることがわかり、そこへ向かった。

映画館に着き、チケットを購入して入ると思ったより客の数が少なかった。映画公開初日から少しだけ時間が経っていたことと、宣伝をしていなかったせいもあるのだろうか。いずれにせよ僕を含め客数は10人程度であり、この人数には驚きと寂しさを感じていた。

そして映画が始まった。上映時間2時間強。観終わった。

――わからなかった。

いや、決してつまらないということではない。むしろつまらないかどうかすら判断できないほど〝わからなかった〟のだ。

監督の作品には度々わからないシーンやセリフが登場する。しかし今までの作品は、世界観自体が魅力的で、その上にわからない部分があることで、この世界のことわりは自分達が住んでいる世界とは違うんだ！　と解釈できた。それを理解しているアニメの世界の住人に憧れを抱いて、自分もそのシーンやセリフの意味を理解したい！と思えていたのだ。

しかし今回は、その〝わからない〟を全編通してやられてしまったように感じた。要するに、今までは魅力的な世界観に引き込まれ、〝わからない〟で少し突き放されることにより、さらに作品を好きな気持ちが高まっていた。だが終始〝わからない〟で突き放されてしまうと、それを追いかける気持ちにもなれない。

監督は遠くへ行ってしまった。そう感じた。もう僕らの理解は求めていない。寂しくもあるが、それでいいのだ。

他人の理解を求めようとすることなど、自分の思い通りの作品を完成させることにおいては不純物でしかなく、自分の価値観だけで作った作品は、他人には理解されにくいはずである。

監督は今まで自分の価値観と理解されることとのバランスを上手く保ってきたが、今回はそのバランスが崩壊してもいいと思うほどに、自分がやりたいことを注ぎ込んだのだろう。

――というのが1つ目の僕の解釈である。しかしこの作品への僕の解釈はもう1つあった。

2つ目の解釈はこうだ。ちゃんと観てくれる客の理解力に合わせ、その上で新しくて面白いと言われる作品を作ろうとしてドン滑りしたという解釈である。

巨匠がそんなことをする訳がないと、監督ほどの知名度と功績があれば、そう思う人も多いだろう。だがそれによって、監督は作品がドン滑りしているにもかかわらず、誰にも失敗をイジってもらえないのである。

実はこれが最も厄介なのだ。ベテランの失敗に対して、誰もイジったり笑ったりする人が居なくなってしまっている状況。失敗自体を腫れ物に触るように扱い、どうにか作品の中に褒められる箇所はないかとみんなで探し、こじつけで褒める。そんな最低の接待は見ていられない。

無理矢理褒めようとする人達にはよく考えてほしい。巨匠でも滑らない訳ではないのだ。長年作り続けて、いくつも名作を生み出していれば、たまには大滑りすることもあるだろう。

どれだけ面白いとされている大御所お笑い芸人でも滑るのだ。そこでイジってもいい空気を出すのも、その人の力のうちだろう。

むしろ逆に考えれば、これまで目立って滑らずに面白い作品を生み出し続けてきたことが凄すぎるのである。なので、そんな人がドン滑りした時ぐらい、みんなでイジってあげるのが礼儀なのではないかと思うのだ。

ただ、映画を作る上で監督が辛いのが、一度公開したら修正がきかないことなのだ。

たとえば演劇の舞台であれば、公演初日の反省点を2日目で修正して客に届けることができる。だが、映画は一度公開してしまったが最後、初日でドン滑りしていて焦ろうとも、どうしようもないのだ。

だからこそ巨匠が滑っていると感じたら、客側がイジって、面白がり方を見つけてあげたほうがいい。そしてみんなで公開終了まで楽しめるようにするべきではないのだろうか。

これがこの作品に対する僕のもう1つの解釈である。

子供の頃から観ていたアニメがあった。大人になって観たそのアニメの監督の映画最新作は、僕には理解できないものであった。しかし監督の過去の作品は色褪せず、霞むこともない。

この作品を観に行ってよかった。ポケットの中の半券に触れながら、僕はそう思ったのだ。

ドライヘッドスパの存在意義に触れる

少し前に、雑誌で見て気になっているものがあった。〝ドライヘッドスパ〟だ。美容室の追加サービスで、シャンプー台で頭を揉むヘッドスパというものがあるが、ドライヘッドスパは頭を一切濡らさず、シャンプーや専用のジェルのようなものも使わない。言わば頭を素手で揉みほぐすだけのマッサージである。

雑誌の触れ込みには「絶対寝られる！」などと書いてあり、客をリラックスさせて眠りにつかせるのが特徴のようだ。

僕は普段眠れないことなど一切なく、布団に入ったらすぐに眠りにつき、家以外のどんな環境でも寝られるほうなのだが「絶対寝られる！」という自信に興味が惹かれ、行ってみることにした。

調べると、自宅から車で20分程の場所にドライヘッドスパ専門店があることがわかった。僕は早速インターネットで、その店の数日後の予約をした。

当日、自宅から車で店の近くまで行き、周りで駐車場を探すと、すぐに近くのコインパーキングを見つけた。そこは係員に代金を支払うタイプの駐車場で、車を停め、係員から駐車券を受け取って店を目指した。

歩いてすぐに古めの雑居ビルに着く。どうやらここの3階が店らしい。エレベーターで3階に上がると、出た先の扉に店の看板がかけられていた。扉を開けると、受付はあるが誰もいなかった。

奥に向かって「すいませーん」と言ってみると「こんにちはー、お待たせしましたー」と店員が出てきた。30歳前後の女性店員で、落ち着いた声で僕に「ご予約のお客様でしょうか？」と聞く。名前を伝えると「それではお部屋にご案内いたしますね」と、スリッパを差し出した。店自体は広くはなさそうで、個室が2つあるだけのようだった。

店員について行き、その部屋の1つに案内される。6畳くらいの部屋の真ん中にリクライニングチェアが置いてあり、青く薄暗い照明で照らされている。ヒーリングミユージックがかかっており、温かい温度に保たれた部屋であった。

「どうぞおかけください」と促され、リクライニングチェアに座り、体調に関する簡単な質疑応答があった。それから「よろしくお願いします。それでは始めていきますね」と言い、店員が僕の体にブランケットをかけた。そして僕の座っているリクライニングチェアの背もたれを最大限に倒し、その後ろの椅子に座った店員が僕の頭を揉み始めた。

心地よい強さとリズムでこめかみから頭の上のほうまでが揉みほぐされていく。確かにこの環境とマッサージは眠れそうだ。すると店員が「力加減……どうですか……？」と、まるで脳内に直接テレパシーで語りかけてくるような声のトーンで聞いてくる。

「あ、ちょうどいいです」と言うと「何かあったら……仰ってくださいね……」と癒しの声量で返してきた。しばらくするとまた店員が「節分……やりましたか……？」と聞いてきた。

僕は、結構話しかけてくる人なんだな、と思った。確かに少し前に節分があったが、特に何もしていなかったので「やりませんでしたね」と答えた。

店員は「私は……やりました……」と言う。「恵方巻きを……食べました……」と続ける店員に「へぇー、恵方巻きって方角調べて食べるやつですよね？」と返すと「方角を調べるとかは……しなかったんですけど……一人暮らしなので……夜ご飯に恵方巻きを食べました……」と言った。

僕はこの話が心底どうでもよかったのだが、店員の話に興味がなさそうにしているのも悪いと思い「恵方巻きって、豆まきと一緒にやっても大丈夫なんですかね？」と聞いた。すると店員は「どういうことですか……？」と聞き返してきた。「あ、いや、恵方巻きも豆まきも違う風習から来てるだろうから、そこ一緒くたにしちゃっても大丈夫なのかと思ったんですけど」と言うと、店員は「わぁ……真面目ですねー……楽しみ方は人それぞれですからねー……」と答えた。

そこで僕は思った。いや、話を流してよかったならこっちが流したかったわ！　そっちが話題を振ってきたから会話を続けようと頑張って話を絞り出してんの！　そっちが流すのおかしいだろ！　というか寝かせろよ!!　およそ癒しの空間に似つかわしくない脳内の叫びであった。

その後は、この客は話しかけるとラリーを続けようとしてくる、と店員に警戒されたのか、話しかけられなくなった。そうこうしているうち、安らぎの空間とマッサージの中で僕は眠りについたのだった。

それから何十分が過ぎただろうか、僕は眠りから少しだけ目覚めた。まどろみの中で、どこかに違和感を覚えたのだ。そこで、もう少しだけ意識を目覚めさせて、ようやくその違和感の正体に気付く。

揉まれていないのだ。頭を揉まれている感覚がない。確かに指は添えられているのだが、その指が動かされていなかった。

もしや指を添えたまま店員も寝てしまっているんではないだろうか。そう思った僕は、店員に気付かせるくらいの軽い咳払いを「っんん……うん……！」としてみた。すると頭の後ろでビクッ！　と体を震わせる気配があり、頭に添えられた指が動き出したのだ。

やはり店員は寝てしまっていた。目も覚める衝撃的な出来事である。ヒーリングミュージックのかけられた個室で、薄暗い中、2人とも寝てしまっているこの空間は一体なんなのだ。ただの仮眠室ではないか。僕は店員と一緒に寝るためにこの店に来たわけではない。

しかしその後も店員のマッサージはたまに弱くなったり、速度が遅くなったりして、監視の気持ちを抱えたまま受けるドライヘッドスパは眠りにつけるものではなかった。

そしてそのまま時間が来て終わりを迎えたのだ。

その後、一度部屋を出た店員が温かいお茶と伝票を持って戻り「～円になります」と支払いを求めた。正直、店員にどれくらいの時間寝られていたかはわからないが、満額支払うのはおかしいだろ、という気持ちを抱えつつ、その通りに会計を済ませる。店員は「ではゆっくり、帰るご準備をなさってください」と言い、再び部屋を出ていった。

ざっくりと身なりを整え、店員の持ってきたお茶を飲み干し、荷物を持って部屋から出た。しかし、廊下に先ほどの店員がいない。「すいませーん」と言いつつ周りを見渡してみたが店員が出てくる様子はない。

僕は入口のほうに歩いていきつつ「帰りますよー……」と、どこに向かって言っているのかもわからない言葉を発しながら、ゆっくりと入口にたどり着いた。

一体どこへ行ったんだ……と不安を抱えつつ、店員が出てこないまま、僕は「すいませーん……帰りますからねー……」と念押しの一言で扉を開け、店を出てしまったのだ。

車を停めたコインパーキングに向かって歩きながら、僕は何にもたとえがたい気分になっていた。本当にあんな店あったのか？　という想像にまで及んでいた。

あんな店は元々存在せず、雑居ビルの空き部屋の一室で、忘れ去られ一脚だけ残された椅子に座って寝ていただけではないのだろうか。それほど夢と現実の間にいるような感覚であった。

すぐにコインパーキングに着き、係員に車を出してもらおうと見渡したがいない。しばらく経っても出てこないので、側の管理室まで行き、小窓から中を覗いてみると、椅子に座った係員が顔を上に向けて寝ていたのだ。

その姿を見た僕は、みんな疲れているんだなぁ、と思った。そして眠れるドライヘッドスパが雑誌に取り上げられるのにも、どこか納得したのである。

20年前に友達に借りたゲームソフトで遊びたい

ある日の午後、部屋の棚を整理し、いらない物を捨てつつ、6つある引き出しの1つを空にしようという試みをしていた。6つしかない引き出しの全てに物が詰まっているところから1つを空にするのは、無から物を作るに等しい魔法のような作業である。

一見いりそうな物にもいらない物認定をしつつ、どうにか空の引き出し1つを作り出そうとしている最中に、引き出しの奥からあるものを見つけた。携帯ゲーム機のソフトだ。

このゲームソフト、高校の頃友達から借りたもので、借りたはいいものの一度も遊ばずに20年近くが経ってしまった。なぜかこのゲームソフトを借りた時のことは、は

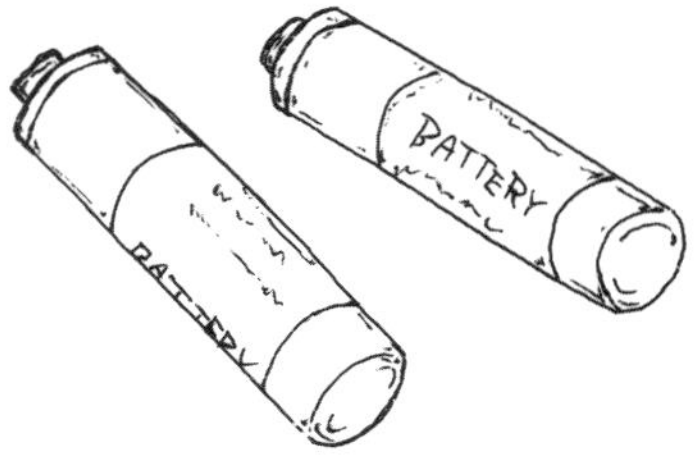

っきり覚えている。

友達の家に遊びに行っている時に、机の上にあったこのソフトを見つけた僕は、大してやりたくもないのに「このゲーム貸してくれよ」と試しに言ってみた。友達から「あーいいよ」という返事がきて借りることができてしまったのだ。

何年経ってもこれを見る度に、あぁ返さなきゃな、という気持ちになるので、見えない引き出しの奥にしまっていたのである。

棚からかなりの物を捨て、どうにか空の引き出しを1つ作り出すことができた。そして僕は友達から借りたゲームソフトを手に取って眺めていた。

20年前、まるでやりたいと思えなかったこのゲームを20年越しにやってみたら面白いだろうか。おそらく、ゲームソフトも少しだけ古いものだとつまらなく思えてしまうが、20年も前のゲームなら面白く遊べるかもしれない。

そして次の瞬間、僕は携帯電話を手に取り、実家に電話をかけていた。このゲームソフトが遊べるゲーム機を実家から持ってくるためだ。母親に事情を説明し、自分の部屋のタンスを探してもらった。

だが母親は「どこ探してもそんなゲーム機ないよ」と見つけ出せなかったと言う。その代わりに「これならあったけど」と目的のゲーム機の1世代前のゲーム機を発見していた。

そこで僕は気付く。その1世代前のゲーム機で僕はよく遊んでいた。だがその次に出た、目的のゲーム機では遊んだ記憶がないのだ。つまり僕は借りたゲームソフトで遊べるゲーム機をそもそも持っていなかったのである。

20年前、持っていないゲーム機のソフトを僕は借りてしまっていた。高校の頃の適当な感覚を申し訳無く思い、その気持ちは僕に、借りたまま遊ばれなかったこの悲しきゲームを今プレイしなくてはならない、という使命感を起こさせたのだった。

懺悔のゲームプレイをすべく、僕は次の休日に秋葉原へ出かけた。向かったのは、たまに行く中古のレトロゲームの店。その店は品数も多いので、目的のゲーム機があるかもしれない。

駅から小走りで店を目指すと5分ほどで着いた。中に入り、ショーケースに並べられたゲーム機の数々を見漁《みあさ》る。しかし目的のゲーム機をなかなか見つけられず、近くを通った店員を呼び止めて尋ねた。すると店の奥のほうに案内され「こちらです」と店員がショーケースの中を指差した。

その先にはまさに探していたゲーム機があったのだ。今のゲーム機にはない少し古びたデザイン。まさに中古といった使用感。だが懐かしさは感じられない。なぜなら僕はこのゲーム機を持っていなかったからだ。

確かにこんな見た目だった。と、誰かが持っていたのを見た記憶を辿りつつ、ゲーム機を眺めていた。そしてふと値札に目をやった時、僕は驚いた。

3万5千円。予想していなかった高額の値札がつけられていた。なんとなく1万円前後を予想して来たのだが、それをはるかに上回っていた。

たかがゲーム機、しかも20年も前のものに3万5千円は出せない。友達から借りたゲームをプレイしなくてはならない！　と意気込んでは来たものの、正直それは1万円前後の決意であり、3万5千円の決意ではなかったのだ。むしろ友達から昔借りたゲームをプレイするのに3万5千円の決意で臨む奴がいたら見てみたい。そう心の中で吐き捨て、僕の1万円前後の決意はあっけなく砕け散った。

店を出て、携帯電話でゲーム機の中古相場価格を調べると、3万5千円は妥当のようだ。僕は中古のゲーム機を手に入れることはできなかった。しかしこんな時のために事前に次の策を考えていた。

実家にある1世代前のゲーム機で次の世代のゲームを遊べるようにする手段だ。中の改造が必須だが、秋葉原であればそういった部品も手に入るのではないだろうか。

僕はすぐ近くのゲーム機専門のジャンクショップに向かった。そこは小さな店内にゲーム機のパーツのジャンク品が所狭しと並べられていて、かなり特殊な部品まで取り扱っている。

店に着いて物色したが、見ていてもわからないので店員に尋ねた。「すいません。このゲーム機を次の世代のゲームソフトでも遊べるように改造できるパーツありますか？」するとと無精髭を生やした、いかにもジャンクショップの店員といった見た目の男性店員は「そういうのは無い」と答えた。

その答えの早さとぶっきらぼうさに、この店には確実に無いからこれ以上聞いてくるな、といったニュアンスが含まれていたので、店に着いて数分で希望が絶たれた。

店を出るときに店内のジャンク品に目をやったが、冷静に考えると、とてもこれをゲーム機に取り付けて改造できるとは思えない。馴染みの博士でもいない限りゲーム機の改造などできない。僕には馴染みの博士がいないのでこれは愚策であった。

そして店を出たところで僕は途方に暮れた。


せっかく秋葉原に来たのだからラーメンでも食べて帰るか、と、甲子園の土を持って帰るような気分になりかけていた時、ポケットの携帯電話が鳴った。

母親からのメッセージだ。そこには画像が添付されていた。開いてみると、なんと目的のゲーム機の画像が映し出されたのだ。そしてメッセージには「探してたゲーム機、家にあった！」と書かれている。

どういうことだ？　僕にはそのゲーム機を持っていた覚えはない。若干指先を震わせながら母親にメッセージを送り返すと、すぐに返信があり、そのゲーム機は20年前に妹が使っていた物だということがわかった。

思わぬ形で目的が果たされ呆然としていると、母親から再びメッセージが届いた。そこには「電源が入らない。電池換えても入らないから多分壊れてる」と書かれていた。

ぬか喜びさせやがって。毒を吐き出すように濃い溜め息をつき、僕は近くのラーメン屋を調べ始めた。

電源が入らないゲーム機本体なら、直せるような部品が秋葉原で売っていそうだが、何が原因で電源が入らないのかわからない以上、蓋を開けて原因を突き止めることは僕にとって改造となんら変わらない。素人にはできる訳もなく、馴染みの博士もいないのだ。

検索した美味しそうなラーメン屋に向かい歩き出すと、再び携帯電話が鳴った。そこには「直った！」というメッセージと共に携帯ゲーム機の電源を入れて起動させている動画が添付されている。

なんだ!? 何かが起こっている! 即座に母親に返事を出すと、どうやら昔、母親がカセットウォークマンの修理工場でパートをやっていた時の技術を使って、ゲーム機を分解して中身を修理し、電源が入るところまで直したというのだ。

全く予想もしていなかった。自分が気付いていないだけで、馴染みの博士は思ったより近くにいるものである。こうして思わぬ形で目的は果たされた。

後日直ったゲーム機を母親から受け取った。母親は得意げな顔で僕にそれを渡した。高校の頃、友達から借りたゲームソフト。初めて遊ぶために20年越しにゲーム機に差し込み、電源を入れた。

20年前に友達に借りたゲームは驚くほど面白くなかった。きっと20年前は面白いゲームだったに違いない。それを面白くないと思ってしまった僕自身に、時の流れと成長を感じていた。

自分も大人になっていくのだ。母親を頼り、ゲームで遊ぶ。それがしっくりこない日が来るのかもしれない。

僕は部屋の棚の空にした引き出しを開け、20年前に友達に借りたソフトと母親に直してもらったゲーム機をその奥にしまったのだった。

おわりに

先日、同じ芸能事務所に所属している後輩の芸人コンビが、事務所を退所することを僕に報告に来た。理由は1つではなく、不満も前向きな理由も様々らしい。事務所にいる中では一番仲の良い後輩で、2人が退所しようかと思い始めた段階で相談は受けていた。

芸人を続けるにおいて事務所に無所属なことも、新しく所属する事務所を見つけることも大変なので、「うちの事務所にいたほうがいいんじゃないか」とは言ったのだが、決意は固く、退所することを決めたのだった。

お笑い芸人の世界では芸歴によって先輩後輩が決まり、食事代等は必ず先輩が支払うという暗黙の掟がある。その分、後輩は先輩を立てるという関係性で成立しているのだが、この関係は元々どちらから始めたものかはわからず、先輩が奢るから後輩が仰ぐようになったのか、後輩がおだてるから先輩がお金を出すようになったのかは定かではない。

先輩に食事に誘われたら、後輩は気が乗らなくてもなるべく行かなくてはならない。僕自身、後輩に誘いを断られて怒ることはないのだが、それでも先輩から誘われたらなるべく行く姿勢である。

僕は後輩の退所の報告を受けた時、何もしてやれなかったな、と思った。もちろん食事に行った際の支払いや、時間が遅くなった際の交通費などは出していたのだが、このコンビが芸人として売れるためのことを僕は何もしてあげることができなかったのだ。

そして僕は思う、先輩が後輩に食事代を出すことに何の価値があるのだ。後輩は芸人の収入はないが、生活のためにバイトをしている。そこから毎日の食事代は賄《まかな》えているのだ。先輩を仰ぎ、おだててまで一食の食事代を浮かしたいか？　そこまで魅力のない報酬なのに、行かなくてはならない、という強制力だけがうっすら発揮されている。

だが、後輩が期待していることはきっとそこだけではない。先輩との食事に行くことによって芸人として売れる手立てになるんじゃないか、そんな思いがあるのだろう。先輩との関係性、人脈を作ることによって、どうにか芸人として売れる道筋に近付くことができれば、という、ある種の下心。それはひた向きさであり、決して悪いことではない。

僕はこれに応えることができなかった。今まで、仲のいい後輩の中でも、コンビを解散してお笑い芸人を辞めた後輩もいれば、コンビを解散して退所してピン芸人になった後輩もいた。その時も同じことを思ったのだ。

しかし、実際のところ後輩が売れるための直接的な手助けなどあるようで無い。自分の番組に後輩を呼べる機会もあるが、チャンスを摑むのは後輩自身で、そこで失敗すれば評価を下げかねない。例えば、こちらが全てお膳立した場で、後輩が良い評価を得たとしてもずっとそれをしてあげられる訳でもないので、あとは自分の実力次第ということになってしまう。

結果として、後輩が売れるためにしてあげられることのないまま、せめて……と食事代だけを支払い続けるのである。

思ったより他人は他人の人生を生きている。人生の舵はその本人が握っており、人の人生に影響を及ぼしたと言えることなどほとんどなく、貴方も人の人生を変えることなんてできない。

だからこそ、自分の人生で〝かすか〟でも何かを見つけたり考えるきっかけになったときのことは覚えておきたい。居酒屋で携帯電話にタレをこぼされたあの日も、歯医者をハシゴしたあの日も、電動自転車を買ったあの日も、きっと僕の人生で何かが動いたのだ。

僕はそんな後輩の〝かすか〟になれていればいいなと思う。大きな出来事に見えることだけが人生を動かしている訳ではない。人生はそんな〝かすか〟が積み重なってできているのだ。

そうやって思い返してみると、やはり、僕の人生には事件が起きない。

【初出】
「小説新潮」二〇二二年四月号～二〇二四年二月号
「ドライヘッドスパの存在意義に触れる」と「20年前に友達に借りたゲームソフトで遊びたい」は書下ろしです。

この平坦《へいたん》な道《みち》を僕《ぼく》はまっすぐ歩《ある》けない
発　行　2024年7月30日

著　者　岩井勇気《いわいゆうき》

発行者　佐藤隆信
発行所　株式会社新潮社
〒162-8711　東京都新宿区矢来町71
電話　編集部　03-3266-5611
読者係　03-3266-5111
https://www.shinchosha.co.jp

装　幀　新潮社装幀室
組　版　新潮社デジタル編集支援室
印刷所　錦明印刷株式会社
製本所　大口製本印刷株式会社

ISBN 978-4-10-352883-8 C0095